ちくま新書

地方都市の持続可能性

——「東京ひとり勝ち」を

田村 秀
Tamura Shigeru

1367

地方都市の持続可能性――「東京ひとり勝ち」を超えて【目次】

第三章　国策と地方都市　101

まえがき

地方と東京を毎週のように行ったり来たりするようになって、かれこれ20年近い年月が経過した。留守宅がさいたま市にあるということもあって、17年間勤務した新潟大学のある新潟市とさいたま市の間を毎年50往復ほど、それもほとんどが上越新幹線を使ってだった。

私の研究分野は地方自治や公共政策、そして全国各地のご当地グルメなどの食文化に関するものである。当然のことながらフィールドが地方ということもあって、この間、全国各地を飛び回っていた。研修講師を引き受ける機会も多く、国内の出張も年間20〜30回はコンスタントにこなしていた。

そのたびに地方都市をつぶさに観察してきたが、ここ数年、潮目が変わってきたように感じられるのだ。もともと、過疎の市町村などではすでに人口減少が進み、地域経済が厳しい状況となっていることはだれの目にも明らかだったが、それが中規模の都市や県庁所在市などの多くでも人口減少が本格化し、地域社会が縮み傾向となっていることが日にみえてきているのだ。地方都市の空気は、重くよどんでいると感じられる。停滞感と閉塞感《へいそくかん》にあふれているといってもいいだろう。

その一方で地方から東京圏に戻るといつも風景が異なる、というくらい、高層ビルの建設ラッシュで、主要なターミナルは来るたびに工事中で通る道が毎回変わるような有り様になっている。交通アクセスも日々便利になっているような状況で、都市部の賑わいはバブル期の再来を彷彿させる。まさに東京ひとり勝ちの状況なのだ。

もちろん、地方都市の中にも活気にあふれているところもないわけではない。また、中山間地や離島の中にも若者が少しずつ戻り、元気を取り戻しているところもある。だが、全般的にみれば、地方の衰退は火をみるよりも明らかだ。

そのような中で２０１４年に日本創成会議が「消滅可能性都市」の問題を提起し、地方創生がクローズアップされたのだった。

私自身も地方創生の取組みに関わるべく、国が創設した地方創生人材支援制度に応募し、２０１５年から一期生として大学の仕事の傍ら、群馬県みなかみ町の非常勤参与として派遣され、現在も地方創生の総合戦略を実現するための手伝いをしているが、人口減少の流れがそう簡単に変わるわけもなく、地域の活性化に向けて、地域の人たちと手探りの中で様々な試みに取り組んでいる状況にある。地方創生は一日にしてならず、ということを皮膚感覚で体感する毎日である。

本書は、改めて都市の豊かさとはどのようなものなのか、これまで様々な都市が栄え、そして衰退してきた歴史を振り返りつつ、国全体が本格的な人口減少時代を迎える中で、今後の都市のあり方について考察を加えたものである。

まず、第一章では、東京ひとり勝ちの状況について客観的なデータに基づいて詳細な分析を行った。

都市の活力を示すデータは様々あるが、よくある都市ランキングのようにあまり複雑な算出方法にしてしまうとかえってわかりにくく、しかも、実態をストレートに示すことから遠くなりがちなため、ここでは人口という一番分かりやすい指標を基本として、このほか、人口増減率、昼夜間人口比率、平均年齢、外国人人口比率、平均所得、財政力指数といった7つのデータを用いて、日本の都市の栄枯盛衰の現状について2015年の国勢調査の結果を中心として分析を試みた。

次に、第二章では、消滅可能性都市が想定された2040年からさらに5年が経過した2045年に日本がどのような状況になっているかについて、国の推計を踏まえ、都道府県、そして市区町村の衝撃の未来像を明らかにした。

まさに東京ひとり勝ち、それも都心3区の独走状態が顕著になり、地方都市のほとんどは壊滅的といってもいいような状況に追い込まれていくことが見込まれる中で、国が取り組んできた様々な地方自治などの改革、すなわち、平成の大合併と道州制論議、さらには首都機能移転論の顛末を俯瞰し、結果としてこれらの改革が地方の衰退に拍車をかけたのではないかということを検証する。

第三章では、国策が地方都市をどのようにして翻弄してきたか、その栄枯盛衰の歴史を眺めることで、今後の都市のあり方を再検討するための教訓を考察した。

まずは江戸時代以前からの都市の栄枯盛衰について、特に江戸時代に入ると北前航路などによって日本海側の都市が存在感を示していたことに言及した。明治維新以降は、富国強兵と殖産興業という国策の中で、中心が日本海側から太平洋側に移り、さらには全国各地の炭鉱などを抱える工業都市や開拓によって発展した北海道の各都市、軍港などによって栄えた軍事都市が国策に翻弄されていく様を分析することで、都市のあり方を考えるにあたって、教訓とすべき点を明らかにした。

第四章では、今、繁栄している都市はどのような状況になっているのか、そして特に都市間競争の時代ともいわれる昨今、都市のライバル関係はどのようになっているのか、これらについて分析を行った。

具体的には企業城下町と称されるような都市の繁栄と衰退や、県都やブロックの中心を競い合うライバル都市同士の関係について、時代とともにどのように移り変わっていくか、また、ライバルの存在が都市の成長にどのようなプラス面、マイナス面をもたらしているかについても言及した。

最後に第五章では、これまでの詳細な分析を踏まえ、このような厳しい時代にどのような都市が生き残るのか、その条件について検討を加えた。人口減少が本格化する中で、もはや人口増だけが都市の豊かさのバロメーターではなくなると考えられる。むしろ、様々な人や場所と関わり、様々な関係性を持つ都市こそが豊かであり、交流人口や関係人口というものを増やすなり維持することが都市の価値を高めることとなっていくだろう。

ここでは地方都市の生き残り策を中心にいくつかの可能性について事例を挙げて言及するとともに、ベッドタウン都市や東京などの大都市の生き残りの視点、特に災害などの可能性を踏まえれば、改めて首都機能の一部移転などを進めるなど大都市のスリム化こそが、都市と地方相互にとっての唯一といってもいい選択肢であると考え、今後の都市のあり方を考える論点を提供することでまとめとしている。

本書は、地方都市をこよなく愛する一介の地方自治研究者が、地方と東京、双方の課題と今後のあるべき姿について、様々なデータや歴史を紐解く中で想いを綴ったものである。これまでも再三述べてきたように、地方あっての東京であり、東京あっての地方である。無用な対立を乗り越え、地方、東京の双方が持続可能な地域社会であり続けるための方策を私なりに述べたつもりである。本書を特に毎日の痛勤ラッシュにお疲れ気味の、それも地方出身のサラリーマン・サラリーウーマンの方々に読んでいただければ望外の幸せである。

第一章 データにみる東京ひとり勝ち

1 都市ランキングの罠

†都市とは何か

２０１８年現在、日本には７９２市、東京の23区、７４３町１８３村の１７４１市区町村がある。なお、２０１５年の国勢調査の時点では７９０市だったが、その後、宮城県富《とみ》谷《や》町と福岡県那《な》珂《か》川《がわ》町が市制施行したので７９２市となった。

いまの日本は「東京ひとり勝ち」であるとされるが、それはどの程度なのか。まずは実態を明らかにしたい。その前提として、比較対象とするのはどのような都市か、また分析で用いるには、どのようなデータが適当なのかについて考えてみよう。

我々は、都市という言葉を当たり前のように使っているが、都市＝市といい切れるものではない。広辞苑では、「みやこ。都会、都邑。一定地域の政治・経済・文化の中核をなす人口の集中地域。古代ギリシア・ローマでは国家の形態をもち、中世ヨーロッパではギルド的産業を基礎として時に自由都市となり、近代資本主義社会の勃興と共に発達して社会生活の中枢となる。」と定義づけられている。また、ブリタニカ国際大百科事典では、「多くの人口集団をもち、家屋その他の建造物が密集、住民の生産がおもに第2次、第3次産業に依存して発達した集落。村落に対する地域社会をさす。都市を規定するのに、人口の多少をもって基礎とすることは古くから行われているが、国によって必ずしも決っていない。日本では、だいたい人口3万以上で、中心街を形成し、人口の密集している地域をもって行政上の市制の施行地域の基準としている。都市は政治、経済、文化、交通などの中心となるところが多く、歴史の古いものも多い。」とされている。

どちらも人口がキーワードとして示されているが、後者の定義によれば、日本ではすべての市が都市とはならない。なぜなら人口3万に満たない市が91もあるからだ。村落に比べるより人口が集中した地域とされているが、その境界も明確ではない。また、同じ市の区域であっても、都市とはいい難いところがあることはだれにでも想起できるだろう。平成の市町村合併によって、市域が大幅に拡大したところも多く、岐阜県高山《たかやま》市（２１７８㎢）のように大阪府（１９０５㎢）や香川県（１８７６㎢）の区域を凌《しの》ぐような市が誕生している。

政令指定都市というと多くの場合、大都市の代名詞のように思われているだろう。静岡市は標高３０００メートル級の南アルプスの頂《いただき》も含んでいる。間《あい》ノ岳や赤石岳の頂を都市と考える人はいないだろう。

その一方で、人口に関する統計などでは行政単位としての市町村が基本とされてきた。人口集中地区（ＤＩＤ）のデータもないわけではないが、データ取得の容易さや過去との比較という観点からいって、自治体（法律上では地方公共団体だが、以下自治体と称する）を単位にすることが妥当だろう。ここでは東京23区も含めた市区を都市と捉え主たる対象としつつ、必要に応じて町村についても対象とする。

†都市の活力とは何か

どのような都市が栄えていて、どのような都市が衰えているのか、という問いかけについてはどうだろうか。栄える都市、衰退する都市というものは時代とともに移り変わる。これは古今東西繰り返されてきたことだ。永遠に栄え続ける都市などというのは存在しえないのではないだろうか。では、どうすると都市は栄え、そして衰退するのか、また、それはどのようにしたら検証できるのだろうか。

一番単純に考えれば、その都市に暮らす人、あるいはそこで仕事をする人の数の多寡《たか》で比べるということになるだろう。数そのものもさることながら、住所を置く人の数、あるいは昼間に滞在する人口といったものの変化をみることで都市の活力をはっきりと相互に比較することができるだろう。また、人口増加数そのものではなく、もともとの都市の規模を考慮した人口増加率の一番大きい都市が勢いがあるところだと評価することにも一定の合理性はある。

一方、人の数や増加率ではなく経済活動で比較するということもあるだろう。経済的な側面をより重視すれば、大工場が立地し、企業城下町として有名なところは栄えていると考えられるだろう。大きな工場があることによって、地元自治体には固定資産税や法人住民税をはじめとして多くの税収が見込めるからだ。これほど都市にとっていいことはないはずだ。住民の数がいくら多くても低所得者ばかりでは地域経済に対するインパクトは大きくない。むしろ福祉関係経費の増大で自治体財政を圧迫することも考えられる。法人住民税が見込まれることは自治体にとっても魅力的だ。もちろん、企業の収益は景気などに大きく左右される。過度に法人住民税に依存してしまうと自治体の財政運営も企業と一蓮托生となり、企業がこけたら自治体もこけてしまいかねない。

†分析データをあえて絞る

一つの指標ではなく、数多くの指標を組み合わせて総合的な指標を都市ごとに算出し、それを用いて都市のランキングとするやり方がここのところ流布している。成長する都市ランキングや住みやすい都市ランキング、魅力ある都市ランキング、あるいは子育てしやすい都市ランキングといったものだ。シンクタンクやマスコミなど様々な機関が都市を格付けし、専門的知見からその栄枯盛衰を評価する取組みはこれまで数多く行われてきた。

ランキングというのは便利なものだ。分かりやすく、多くの人の関心を呼ぶ。もちろん、高い評価を受けた都市の関係者は喜び、低い評価になってしまった都市の関係者は落胆し、あるいは反論を試みる。これは何も都市に限った話ではない。国や大学、病院などありとあらゆる組織がランキングの対象となり得るからだ。だが、ランキングの手法が複雑になればなるほど、一般の人はもちろんのこと、専門家であってもその手法の妥当性について語ることは困難となり、結局のところランキング結果をそのまま受け入れざるを得ないことが少なくない。

研究者の間でも都市を格付けする試みはたびたび行われてきた。社会学者の辻村明は、歴史社会学の試みとして都市の風格という概念を正面から取り上げ、地方都市の風格を指標化した『地方都市の風格』（東京創元社、2001）を刊行し、行政学者の真渕勝は、歴史的風格の上に築かれた現代の地方都市の風格を数量的に捉えることを目的に、規模の風格と心意気の風格という独自の視点から分析を試みた『風格の地方都市』（慈学社出版、2015）を記している。

だが、ランキングを複雑にすればするほど、かえって都市の栄枯盛衰とは何かという問いかけに対して満足な回答が得られないのではないだろうか。まさに、拙著『ランキングの罠』（ちくま文庫、2012）で示したように、ランキングを精緻《せいち》にしすぎてしまうと様々な罠に陥ってしまうのだ。100余りもの指標を総合化して作成されるランキングもあるが、指標の数を増やせば増やすほどそれぞれの指標の重みは薄められ、結果として何を比べているのかはっきりしない、ぼやけた内容となりかねない。

それよりは思い切って単純化したほうが、都市が栄えているか否かという問いかけに対して皮膚感覚として馴染みやすい結論を導き出してくれるのではないか。つまり、人口という一番分かりやすい指標を基本として、いくつかの類似指標で補い、そこで示される人あるいはお金の流れの強弱こそが都市の勢いを示すものであり、ベストではないにしてもベターなバロメーターということになるだろう。

2 都市力を測る7つのデータ

†国勢調査

近代的な国勢調査を最初に実施したのはアメリカだった。アメリカ合衆国憲法1条2節3項「実際の人口計算は、合衆国連邦議会の最初の開会の後3年以内に、そしてそれ以後は10年ごとに、法律の定める方法で行われなければならない。」に基づいて、最初の国勢調査が1790年に行われている。これは主として連邦下院議会の議席を各地域の人口に比例して公平に配分するためのものだったが、その後は多岐にわたるデータが収集されるようになった。

我が国では1920年から5年ごとに国勢調査が行われ、人口を始めとして様々なデータが集められ、国の政策だけでなく学術研究や企業活動のためにも有効に活用されている。

国勢調査で調査する人口は、調査年の10月1日現在、当該住居に3か月以上にわたって住んでいるか、または住むことになっている者が対象となる。外国人も含まれるが、外国政府の外交使節団・領事機関の構成員（随員を含む）およびその家族や外国軍隊の軍人・軍属およびその家族は対象外。要は、外交官や駐留米軍人等は含まれていない。

ここでは都市の栄枯盛衰について、国勢調査の結果や経済に関する7つのデータ（人口、人口増減率、昼夜間人口比率、平均年齢、外国人人口比率、平均所得、財政力指数）を主として用いるが、それぞれの定義をまずは確認しよう。

†人口はパワー

人口は古今東西、統治者にとって最も重要なデータの一つだった。都市の大小は人口をみれば一目瞭然。どれだけの数の領民がいるのか、そのうち武士として戦《いくさ》に使える数はどの程度いるのかというデータは必要不可欠の情報だった。

歴史を紐解けば、旧約聖書の『民数記』第1章ではモーセに対してエホバが「あなたがたは、イスラエルの人々の全会衆を、その氏族により、その父祖の家によって調査し、そのすべての男子の名の数を、ひとりひとり数えて、その総数を得なさい」と兵隊となるべき男子の人数を数えるように命じている。

そして、人口はストックというべき存在でもある。人が多いということはそれだけ多くの人がその都市で生活することが可能なくらい、経済的に豊かであるという裏付けにもなる。

江戸時代以前であれば、土地が肥沃《ひよく》で天候にも恵まれ、その結果、米が毎年安定的に収穫できる地域に人が多く住むことができたのだ。戦国時代、現在の愛知県から織田信長、豊臣秀吉、そして徳川家康が輩出されたのは、尾張から三河にかけて、広大な平野が広がり、水にも恵まれていたために豊かな農村が数多くあったということと無縁ではないだろう。温暖な天候と程よい降水、特に濃尾平野の存在なくして戦国時代を語ることはできない。

ちなみに、どれだけぎっしりと人が詰まっているかという側面を比べるならば、面積で割った人口密度を使うと分かりやすい。

†人に関するデータ

人の数はもちろん重要だが、その多寡はもともとの人口規模に左右される。そのため都市の勢いを比較するデータとして分かりやすいのは人口の増減率だ。増加率が高いほど人の流入が多く勢いが強い。反対に減少率が著しく高いとなれば、人の流出が早く、都市の衰退が深刻だということになる。

人口増減率は直近の国勢調査の結果と比べるのが一般的だが、もっと長い間隔、例えば50年前、あるいは100年前というスパンで比較できれば、都市の栄枯盛衰の状況がより明らかになる。

次に、昼夜間人口比率だ。これは昼間人口（従業地・通学地による人の数）と夜間人口（夜間に常住している人の数）の比率で、このデータが100を超えると、昼間の方が夜間よりも多くの人がいるということ、つまり周辺地域から多くの人が集まって昼間に活気がある都市だということを示している。一方100を切ると、昼間は比較的静かであるということを示す。つまりベッドタウンである。昼夜間人口比率は、栄枯盛衰を示すデータではあるが、都市のタイプを示しているといったほうが適当なのかもしれない。

そして、都市住民の平均年齢である。住民の年齢構成を示す指標には、高齢化率（65歳以上の高齢者の割合）もあるが、ここでは住民全体がどの程度若々しいのかということで平均年齢を採用する。高齢化率が同じでも若年層がほとんどいないところもあれば、一定数いるところもある。都市の勢いを示すには平均年齢のほうが適当と考えられるので、高齢化率は補足的に用いることとして、主として平均年齢で都市の若さを明らかにしたい。

外国人人口比率は、都市の栄枯盛衰と直接的に関係するとはいい難い側面はあるが、今後の日本の都市のあり方を考える上でいくつかの示唆を与えてくれるものである。人口については、他にも合計特殊出生率なども考えられるが、この指標は東京より地方のほうが明らかに高いことから、ここでは基本的に用いない。

†経済に関するデータ

内閣府が実施する県民経済計算は、一国の経済状況を示す国民経済計算に準拠して計算された都道府県レベルの経済活動状況の推計で、県内総生産、県民所得などの指標が推計され、特に一人当たり県民所得は様々なところで活用されている。しかし、各都道府県の基礎資料の整備状況や推計の発展段階の相違などによって推計法自体が必ずしも同一ではないため、比較に当たっては留意が必要とされている。さらに県民所得には個人だけでなく企業利潤も含まれているため、要は個人、企業を通じた都道府県全体の所得となっている。多くの都道府県では、市町村ごとの市町村民所得について県民経済計算を基に作成しているが、47都道府県すべてというわけではない。そのため、これらを用いて比較することもできない。

そこで用いるのは、一人当たりの市区町村平均所得である。課税対象所得（各年度の個人の市町村民税の所得割の課税対象となった前年の所得金額）を個人の市町村民税の所得割の納税義務者数で割った額だ。市区町村平均所得は県民所得とは異なり、個人がベースとなっている。これは様々なところで活用されているが、各種の社会保険や控除の分は除かれているため、実際の収入はこれよりも一定程度多いことに留意する必要がある。とはいえ、都市住民の豊かさを明らかにする観点から、ここではこのデータを採用する。

そして、自治体の財政的な豊かさを示す財政力指数。普通交付税の算定に用いられる基準財政収入額を基準財政需要額で割った値を過去3年間について単純平均して求めるもので、財政力指数が1を超える団体は富裕団体といわれ、普通交付税はゼロとなる。

なお、東京23区については他の市町村と財政調整制度が異なるため、ここでは用いない。豊かな住民が多く住んでいることで財政力指数が高くなる都市もあるが、多くの場合、大規模な工場か発電所が立地することによって、固定資産税あるいはそれに相当するの交付金が歳入の多くを占めるために高い数値となっている。

これら7つのデータを用いて、日本の都市の栄枯盛衰の現状について分析してみよう。

3　7つのデータから全国を俯瞰する

†人口規模が上位の都市

2015年の国勢調査で最も人口の多かった都市は横浜市で372万4844人、都道府県と比べても静岡県（10位）よりも大きな規模だ。横浜市は、もはや都市という範疇《はんちゅう》を超えた存在といえなくもないだろう。

もちろん、東京23区（特別区）を1つの都市とカウントすれば、その人口は927万2740人、横浜市を含む神奈川県の人口すら凌ぐメガタウンだ。

2015年時点では100万都市は11あった（表1-1）。戦前の6大市のうち、特別区に置き換わった東京市を除く大阪市、京都市、名古屋市、神戸市、横浜市のほか、ブロックの中心で地方中枢都市ともいうべき札幌市、仙台市、広島市、福岡市、そして東京の大ベッドタウンに進化を遂げた川崎市とさいたま市だ。1956年に制度が作られた政令指定都市の事実上の定義は人口100万人以上だった。

表1-1　100万都市

都市名	人
横浜市	3,724,844
大阪市	2,691,185
名古屋市	2,295,638
札幌市	1,952,356
福岡市	1,538,681
神戸市	1,537,272
川崎市	1,475,213
京都市	1,475,183
さいたま市	1,263,979
広島市	1,194,034
仙台市	1,082,159

大都市の称号に相応しいのはこの11市ではないだろうか。もちろん、大都市であっても大阪市のように1965年をピークに人口減を続け、ようやく2005年に人口増に転じたところもあれば、神戸市のように2015年の国勢調査でついに人口減に転じてしまったところもある。

時代とともに政令指定都市の要件は変化していて、市町村合併を促進するためということもあって80万人、さらには70万人と緩和されたが、合併も一段落したこともあってか、現在では元の100万人となっている。この結果、政令指定都市の数は千葉市、北九州市、堺市、新潟市、浜松市、熊本市、相模原市、岡山市、静岡市を加えて20に増えている。

50万人以上100万人未満の都市は7つの特別区も含めて24。100万人までもう少しの千葉市から政令指定都市になった直後には7位で100万都市だった北九州市、そして人口減で50万人の大台から転落しかけている東大阪市までとなっている。30万人以上50万人未満の都市は49。この中には県庁所在都市が15ある。また、愛知県内の市が最も多く、豊田《とよた》市をはじめ5つとなっている。

その一方で人口3万人未満の市が91もあるが、それを凌ぐ人口3万人以上の町村は65となっている。今や日本人の9割以上が市に住む時代だ。最初にも述べたように、市＝都市とはいえないところが日本国中にたくさんあるということの表れだ。北海道歌志内《うたしない》市、夕《ゆう》張《ばり》市、三笠《みかさ》市の3市は人口1万人未満だ。町村だから人口が少ない、市だから人口が多いとは単純にいい切れないのが日本の現実だ。

†都心3区が人口増加率上位3を独占

人口がストックであれば、人口増減率はまさにフローというべき存在だ。2010年と2015年の国勢調査の結果を比べると、最も人口増加率が高かったのは東京都千代田区で24・0%、これは町村も含めて一番高い率だ（表1-2）。

表1-2　人口増加率（2010-15）上位10都市（単位：%）

順位	都市名	増加率
1	千代田区	24.0
2	港区	18.6
3	中央区	15.0
4	台東区	12.6
5	長久手市	10.7
6	戸田市	10.6
7	つくばみらい市	10.5
8	渋谷区	9.8
9	江東区	8.1
10	沖縄市	6.9

千代田区は皇居や国会議事堂、最高裁判所に官庁街、大手町のオフィス街を抱える名実ともに日本の首都の要《かなめ》である。そんな千代田区も明治期には神田区と麴町区に分かれていたのだった。市制町村制が施行される前の1886年には両区合わせて15万4765人だった（表1-3）。

東京市は1889年に誕生するが、当

表1－3　大きく変動した千代田区の人口

年	人
1886	154,765
1920	217,682
1945	44,412
1955	122,745
1975	61,656
1995	34,780
2010	47,115
2015	58,406

時の15区は今の23区よりも区の数だけでなく区域も狭かった。ちなみに面積は81㎢ほどで、現在の13%ほどしかない。1886年時点では東京市の総人口は98万9826人と100万弱だったが、15区の中では神田区が11万3640人と最も人口が多かった。

　千代田区に相当する区域の人口は1920年の第1回国勢調査時点における21万7682人がピークだった。その後関東大震災などで人口は減少したが、昭和に入るとほぼ横ばいの状況だった。第2次世界大戦に突入して地方への疎開や戦災によって人口が大幅に減少し、1945年には4万4412人にまで減少した。戦後の復興によって再び千代田区の人口は増え続け、1955年には12万2745人と10年間で3倍近く増加した。しかし、高度経済成長を続ける中で、人口が都心から郊外に移動し続け、国勢調査のたびに人口は減り続けたのだった。1995年には3万4780人と、終戦直後よりも人口が少なくなってしまったのだ。まさに千代田区も20世紀の終わりに消滅可能性都市のような状況に追い込まれていたのである。ところがその後人口の都心回帰によって増加に転じ、ついには人口増加率が全国ナンバー1となったのだ。

改めて千代田区の人口増減を眺めてみると、1923年の関東大震災まで人口増加を続け、その後、減少ないし横ばいだったのが戦争によって大幅に減少し、戦後は再び増加したが、1955年以降は再度減少局面となり、1995年以降は3度目の増加基調となっているのだ。つまり増加、減少、増加、減少、そして現在の増加局面と5回の波を経験している。100年余りの間にこれほど頻繁に人口の増減を繰り返してきたのは千代田区ぐらいだろう。

千代田区に次いで人口増加率が高いのが港区で、中央区、台東区がこれに続く。全国的には人口減少が本格化する中で千代田区、港区、中央区のいわゆる都心3区や、上野や浅草を抱え、交通の要所となっている台東区に人口が勢いよく集まり、繁栄している様がデータからも明らかとなっている。

5番目に人口増加率が高いのが愛知県長久手《ながくて》市、特別区を除けば一番だ。2015年には5万7598人とこの5年間で5000人以上も増加している。長久手市といえば古くは戦国時代の小牧長久手の戦いで羽柴秀吉と徳川家康が戦った古戦場として有名なところだ。長久手市の次は東京都に隣接した埼玉県戸田《とだ》市、7番目が茨城県つくばみらい市だ。このほか、渋谷区、江東区、沖縄県沖縄市が上位10団体に入っている。

ちなみに2005年と2010年を比べると中央区が24・8%と一番高くなっていたが、23区以外では東京のベッドタウンが軒並み上位に入っていた。2番目には茨城県の守谷《もりや》市で16・4%、3番目が千葉県白井《しろい》市の13・8%だ。

このように、21世紀に入って人口増加率の高いのは特別区の中でも都心部か、大都市周辺のベッドタウンで住環境に恵まれ、通勤の利便性も高い都市のどちらかに二極分化していることがデータから読みとれる。

†夕張市が人口減少率ワースト1

目を人口減の都市に転じると、北海道や四国の市、そして東日本大震災の影響による東北の市が上位に入っている。

北海道夕張市が19・0%減で、2010年の1万922人が2015年には8843人と1万人の大台を割り込んでしまっている。次いで福島県南相馬《みなみそうま》市の18・5%減、歌志内市の18・3%減、岩手県陸前高田《りくぜんたかだ》市の15・2%減、高知県土佐清水《とさしみず》市の14・0%減と続く。

市の中でも全体の4分の3以上に相当する599市が人口減となっていて、23区内でもついに足立区が人口減となった。

仮に、人口の増減だけで都市の栄枯盛衰を判断するのであれば、もはや日本の都市は総じて衰退に向かっているというべきなのかもしれない。

人口増加数では福岡市がトップ

人口の増減数については当然都市の規模が影響するが、２０１０年から２０１５年までの５年間に最も増加数が多かったのが、福岡市の７万４９３８人。九州の人口がどんどん福岡市に集まっていることがデータからもうかがえる。次いで川崎市、さいたま市、札幌市と６大市以外の政令指定都市の増加数が多くなっている（表1-4）。

表1－4　人口増加数上位５都市（単位：人）

順位	都市名	増加数
1	福岡市	74,938
2	川崎市	49,701
3	さいたま市	41,545
4	札幌市	38,811
5	港区	38,152

23区全体での増加数は32万７０４５人。５年間で30万規模の都市が都内に出現したようなものだ。23区で最も人口増加数が多かったのは港区で、札幌市に次ぐ5番目の多さだ。港区をはじめ、全体で6番目の江東区など8つの区で人口が2万以上増加している。

一方、最も人口減少数が多かったのは同じ政令指定都市の北九州市で1万５５６０人の減。小さな市がこの5年間で1つ消滅した計算になる（表1-5）。このほか、長崎市、石巻《いしのまき》市、函館《はこだて》市、南相馬市で、また表1-5にはないが、下関市、青森市、横須賀市、呉《くれ》市、静岡市、小樽《おたる》市で1万以上の減となっている。どこも歴史の中で名を馳《は》せたところばかりだ。そしてほとんどが港で栄えた都市だ。港湾都市の衰退は、産業構造や流通経路の変化なども影響しているのだろう。このように、増減数の多さからも都市の栄枯盛衰が垣間みえる。

表1－5　人口減少数上位5都市（単位：人）

順位	都市名	減少数
1	北九州市	－15,560
2	長崎市	－14,258
3	石巻市	－13,612
4	函館市	－13,148
5	南相馬市	－13,081

†昼夜間人口比率も断トツで千代田区

国全体の人口が増加しようが減少しようが、昼夜間人口比率は常にゼロサムゲームである。昼間の人口と夜間の人口は基本的には国全体でみれば同数であるからだ。

2015年の昼夜間人口比率が最も高いのは人口増加率でも一番高かった千代田区で、1460・6。千代田区の夜間人口は5万8406人、昼間には85万3068人。昼間の人口は夜間の常住人口の14・6倍ということになる（表1-6）。浜松市の人口（79万7980人）がすべて昼間に移動してきたような賑わいを毎日みせているのだ。また、これは世田谷区の昼間人口（85万6870人）にもほぼ匹敵する。

具体的には、東京都以外の周辺県から通勤・通学のために千代田区に昼間滞在する人が39万2769人と全体の46%を占めていて、次いで千代田区以外の22区からが33万3918人で39%となっている。このほか、都内の市町村からが7万9111人で、逆に千代田区から区外に通勤・通学しているのは1万1136人となっている。

昼夜間人口比率が高いのは軒並み特別区だ。千代田区が断トツだが、次いで中央区、港区、渋谷区、新宿区が夜間人口に比べると2倍以上の昼間人口となっている。6位以降も文京区、台東区、豊島区、品川区と続き、東京以外では10位にようやく大阪市が入っている。

表1-6　**昼夜間人口比率上位10都市**（2015年）

順位	都市名	比率
1	千代田区	1460.6
2	中央区	431.1
3	港区	386.7
4	渋谷区	240.1
5	新宿区	232.5
6	文京区	157.5
7	台東区	153.4
8	豊島区	143.3
9	品川区	140.6
10	大阪市	131.7

注：夜間人口＝100

大都市部以外で一番高いのが福岡県宮若《みやわか》市の126・1、トヨタ自動車九州の工場などが立地していて、周辺市町村から多くの労働者が通勤してくるためだ。次いで成田国際空港を抱える千葉県成田《なりた》市が123・6、このほかトヨタ自動車の工場が多数立地する豊田市も110・5と高くなっている。

表1－7　昼夜間人口比率下位10都市（2015年）

順位	都市名	比率
1	狛江市	73.8
2	富士見市	74.0
3	流山市	74.9
4	大網白里市	75.4
5	白岡市	77.3
5	生駒市	77.3
7	交野市	77.5
8	知多市	77.6
9	阪南市	77.7
10	鎌ケ谷市	77.8

注：夜間人口＝100

ベッドタウンは軒並み下位に

一方、昼夜間人口比率が一番低いのは東京都狛江市の７３・８となっている（表1-7）。市の人口は８万２４９人、他の市区町村に通勤・通学で通う人は２万９０３８人と、３人に１人強の36％が昼間に狛江市を離れている。市外への通勤・通学の可能性が低い高齢者や14歳以下の児童、自営業や未就労者の割合などを考えれば、通勤・通学をしている人の過半数が市外に出てしまっているということだろう。

次いで埼玉県富士見《ふじみ》市、千葉県流山《ながれやま》市、千葉県大網白里《おおあみしらさと》市と、東京近郊のベッドタウン都市が軒並み下位に並んでいる。これらを含めて昼夜間人口比率が80に満たないのが26市となっている。

昼夜間人口比率が１００以上の都市は大都市が多いこともあって、１００に満たない市区は８１３市区中５３１と全体の65・３％も占めている。昼間の人の流れはやはり大都市に引っ張られているのだ。東京23区の中でも千代田区や中央区、港区のような区もあれば、江戸川区の82・4を始めとして半数近くの11区が100未満となっている。

また、政令指定都市であっても相模原市の88・3を始めとして川崎市や横浜市など7市で100未満、大都市であってもベッドタウンとしての性格の方が強いところが少なからずあることがこのデータからうかがえる。特に相模原市の場合、3つの行政区すべてが100未満となっている。このほか、政令指定都市の行政区単位でデータを取ると、川崎市宮前区のように73・4と市最低の狛江市をさらに下回るところもある。大都市ひとり勝ちというよりも東京都心ひとり勝ちというのが日本の昼間の実態のようである。

†若い世代があふれるベッドタウン都市

2015年の国勢調査によれば日本人の平均年齢は46・40歳、2010年が44・96歳だったので5年間で1・44歳延びたことになる。

平均年齢に関しては、人口増加率が特別区を除いて1番高いの長久手市が最も若い都市となっている。2015年の長久手市の平均年齢は38・62歳、2位の沖縄県豊見城《とみぐすく》市の39・59歳に1歳近い差をつけている(表1-8)。恵まれた住環境とともに、長久手市による様々な子育て支援策も転入者にとって魅力的なものとなっているのだろう。なお、2

表1－8　平均年齢の若い都市上位10

順位	都市名	年齢
1	長久手市	38.62
2	豊見城市	39.59
3	栗東市	40.00
4	宜野湾市	40.13
5	みよし市	40.32
6	浦添市	40.42
7	浦安市	40.54
8	戸田市	40.71
8	野々市市	40.71
10	沖縄市	40.75

010年の長久手市の平均年齢は37・66歳、この5年で0・96歳高くなっている。

豊見城市だけでなく、4位の宜野湾《ぎのわん》市、6位の浦添《うらそえ》市、10位の沖縄市と、沖縄県内の市がベスト10に4つも入っていることは特筆される。沖縄県は全般的に出生率が高く、高齢化率も本土よりは低いこともあって、平均年齢が低いのだ。

†高齢者があふれる地方都市

2015年で最も平均年齢が高かった市は北海道夕張市で59・32歳（表1-9）、長久手市より20歳以上も上で、高齢化率でも48・6％と一番高かった。夕張市は第三章で述べるように一時期は最先端の娯楽が真っ先に楽しめるほど栄えていた炭鉱の街だったが、国のエネルギー政策など時代の波に翻弄され、結果として財政が破《は》綻《たん》状況にまで陥ってしまった、まさに栄枯盛衰を知り尽くした都市だ。夕張市の平均年齢は2018年時点では、すでに還暦の60歳を超えているだろう。

二番目に高齢の歌志内市は日本の市の中で一番人口が少ない。2015年で3585人と横浜市の千分の一にも満たない。これは町村を含めても下から191番目だ。夕張市や歌志内市がなぜ町や村にならないのかと思うだろうが、現行の地方自治制度ではサッカーのJリーグのような自動降格は組み込まれていない。いくら人口が減ろうともその都市が自らの意志で町や村になると議決しない限りは市の地位には変わりない。市に比べると町や村は格下という意識があるのかないのか定かではないが、いまだに市が町や村になったという事例はない。

表1-9　**2015年の平均年齢上位10都市と5年前との比較**

順位	都市名	平均年齢	5年前との差
1	夕張市	59.32	2.15
2	歌志内市	58.59	2.93
3	珠洲市	57.67	1.94
4	土佐清水市	57.24	2.62
5	室戸市	57.12	2.19
6	赤平市	56.81	2.26
7	三笠市	56.79	0.74
8	竹田市	56.52	1.43
9	芦別市	56.24	2.10
10	熱海市	56.02	2.12

三番目に高齢なのが石川県珠洲《すず》市だ。珠洲市は能登半島の先端に位置していて、本州で最も人口の少ない市だ。四番目には高知県土佐清水市、五番目には高知県室戸《むろと》市が続く。以下、北海道赤平《あかびら》市、北海道三笠市、大分県竹田《たけだ》市、北海道芦別《あしべつ》市、静岡県

熱海《あたみ》市となっている。

平均年齢を2010年のデータと比べると気になる点もある。2015年に平均年齢上位10市の中で、年齢が全国平均の倍も増加しているところもあれば、その半分ほどのところもあるからだ。

前述の歌志内市の平均年齢は、2010年から2015年には2・93歳上昇している。これは全国平均の2倍強だ。すなわち、急激な人口減、それも若年層を中心としていて、これによって全国よりもさらに速いスピードで高齢化が進展していることが分かる。実際、高齢化率も2010年に41・2%だったのが46・6%と、この5年間で5・4ポイントも上昇しているのだ。このほか、土佐清水市でも2・62歳上昇している。

一方、竹田市のように全国平均並みの1・43歳の上昇に留まっているところもあれば、三笠市のようにわずか0・74歳、全国平均の半分程度の上昇に収まっているところもあるのだ。果たしてこの違いはどこからくるのだろうか。この点は第三章で明らかにする。

†平均所得は港区が断トツ

都市住民の豊かさを端的に測る物差しとして有効なのが一人当たりの平均所得だ。住民が豊かであれば、その都市の購買力は上がり、経済も好循環を示すものだ。逆に住民が貧しければ店舗の閉鎖も進み、地域経済はますます閉塞感に覆われてしまうだろう。

物の豊かさだけでなく、心の豊かさも重要だということはいうまでもないことであり、また、貨幣経済ではなかなか測れない相互扶助による地域の助け合いといった取組みは都会よりも地方で活発だが、ひとまず措く。まずはなくてはならないお金について、ここでは市区のデータを中心に扱うが、町村でも高所得のところがあるのでそれについても若干言及しよう。

2016年の市区町村の一人当たり所得は全国平均で332万3822円。このデータは平成28年度市町村税課税状況等の調によるもので、市町村民税の所得割を納付している人を対象としている。対象者は5679万1365人、国民の半分弱の約45％となっている。子供や学生、専業主婦（夫）、年金生活者の大部分や所得の少ない人、生活保護世帯などは対象外となるからだ。控除前の実収入となれば400万台となるだろう。

最も多かったのが東京都港区の1111万7430円、実収入ベースでは1300万円は軽く超えるだろう（表1-10）。これはあくまで平均なので、数多くのいわゆる億万長者が住んでいるということがこのデータからも容易に想像できるだろう。実際、港区は1999年以降平均所得でトップの座を守ってきた。モータージャーナリスト清水草一の『港区ではベンツがカローラの6倍売れている』（扶桑社新書、2008）のタイトルが示すよ

表1-10　2016年の1人当たり平均所得上位10都市

	都市名	平均所得（円）
1	東京都港区	11,117,430
2	東京都千代田区	9,158,591
3	東京都渋谷区	7,727,922
4	北海道猿払村	6,928,215
5	兵庫県芦屋市	6,320,464
6	東京都中央区	6,179,073
7	東京都文京区	5,871,980
8	東京都目黒区	5,848,758
9	山梨県忍野村	5,472,384
10	東京都世田谷区	5,449,736

うにいわゆるセレブが数多く住んでいるということなのだ。

2番目に多かった千代田区は、最近では積極的に子育て世代の定住を促進していることもあって人口増に転じているが、人口減の傾向にあった1986年から1998年までは他の市区を押さえて平均所得がトップだった。結果としてさほど高所得層ではないファミリー世代の流入で平均額が下がったということなのだろう。3番目の渋谷区、松濤《しょうとう》や広尾、代々木上原などの高級住宅地を抱え、上位の常連だ。これも妥当なところだろう。

†なぜ、北海道の漁村が平均所得で上位か

4番目に登場するのが北海道猿払《さるふつ》村。なぜ、北海道の一寒村が、と驚く人も少なくないだろう。猿払村といえば、法学の世界では公務員の政治的行為が問われ、最高裁判決とし

て判例百選などでお馴染みの猿払事件の舞台として有名だが、元々は酪農と漁業の村だった。戦後、ニシンの水揚げが激減し、ホタテ漁も乱獲によって衰退していった。

そのような中で、計画的な稚貝放流と徹底した資源管理を進め、今では日本一のホタテの産地としてブランドを確立し、村民の多くは高額所得者である。

年によって豊漁、不漁の波は大きいため、一人当たり平均所得が1年で100万円から150万円程度増減することも珍しくない。実際、2015年は784万4618円で全国3位、翌年は4位だったが、692万8215円と約92万円減少している。

2684人の小村だが、高齢化率は全国平均を下回る22・8%、平均年齢も44・98歳と若いほうから数えたほうが早い。日本最北の村であっても稼げる産業があれば、地域社会は十分持続可能であるということを示す一例だ。

†豪邸で有名な芦屋市は徐々に順位を下げ

5番目が兵庫県芦屋《あしや》市である。六甲の丘陵地帯には六麓荘町《ろくろくそうちょう》など名だたる住宅地が並んでいる。豪邸条例と称されるような地区計画条例によって、豪邸を分割売却しないような規制がかけられるなど、街並み保全に苦心しているのが実態だ。

1975年から1985年まではトップの座を守ってきたが、順位は下がりつつある。

高級住宅地を中心に高齢化が進展し、所得の伸びも東京の区部に比べると低い。1995年の阪神・淡路大震災の影響も無視できないだろう。

✝山梨県忍野村や北海道安平町も上位に

芦屋市の後、中央区、文京区、目黒区が続き、9位には山梨県忍野村《おしの》が入ってくる。ここもちょっとしたサプライズだろう。平均所得は547万2384円で、前年の2015年は13位だった。人口8968人、人口増が続き、高齢化率も17・5%と低い。

名水百選に選ばれた忍野八海があるなど風光明媚《ふうこうめいび》な観光の村だが、1972年に電気機器メーカーのファナックを誘致し、本社や工場、研究所などが村内に建設され、高収入の従業員が住民になるなどして所得水準が上がっていった。ファナックは工作機械用CNC装置や産業用ロボットの世界シェアが高いことで有名だ。世界的な企業を誘致することで小さな村もリッチになれることを忍野村は示している。だが、真似をするのはそう簡単ではないだろう。

10番目に世田谷区が入ることには違和感もないだろうが、11番目に北海道安平町《あびらちょう》が523万6278円で入ると、猿払村や忍野村同様、多くの人は驚くだろう。もちろんこれにもからくりがある。

安平町には3冠馬ディープインパクトを生んだノーザンファームや追分《おいわけ》ファームなど有名な牧場があって、このことが町の所得を上げる大きな要因となっている。合併前の追分町がベスト10に入ることもあったのだ。

✝平均所得にみる都市の栄枯盛衰

表1-11のように平均所得を10年ごとに並べてみると都市の栄枯盛衰がまた違った形からみえてくる。

1976年には芦屋市の次に千葉県富里《とみさと》市が入っていた。当時はまだ富里村で、成田空港の開港に向けて反対派と機動隊の衝突が続いていた時期ではあるが、用地買収が進められる中で、用地買収費や補償費という形で所得の移転がかなり行われていたことがうかがえる。このほか、5位に大阪府箕面《みのお》市、6位に兵庫県宝塚《たからづか》市、7位に神奈川県鎌倉《かまくら》市、8位に神奈川県逗子《ずし》市、9位に東京都武蔵野《むさしの》市と、関西近郊と東京近郊に富裕層が多く住んでいたことがよくわかる。特に、湘南地方は温暖な気候と東京へのアクセスの良さ、歴史ある街並み、さらにはマリンスポーツも容易に楽しめるなど、富裕層にとって魅力ある要素が満載ということなのだろう。1986年には5位に神奈川県葉山《はやま》町、6位に鎌倉市、7位に逗子市、8位に奈良県生駒《いこま》市、9位に大阪府豊能《とよの》町《ちょう》が入り、1976年と同じよう

表1-11　1人当たり平均所得上位10都市の推移

順位	1976	1986	1996	2006
1	兵庫県芦屋市	**東京都千代田区**	**東京都千代田区**	**東京都港区**
2	千葉県富里市	兵庫県芦屋市	**東京都港区**	**東京都千代田区**
3	**東京都千代田区**	**東京都港区**	兵庫県芦屋市	**東京都渋谷区**
4	**東京都港区**	**東京都渋谷区**	**東京都渋谷区**	兵庫県芦屋市
5	大阪府箕面市	神奈川県葉山町	**東京都文京区**	**東京都文京区**
6	兵庫県宝塚市	神奈川県鎌倉市	奈良県生駒市	**東京都目黒区**
7	神奈川県鎌倉市	神奈川県逗子市	**東京都目黒区**	**東京都中央区**
8	神奈川県逗子市	奈良県生駒市	**東京都中央区**	**東京都世田谷区**
9	東京都武蔵野市	大阪府豊能町	**東京都世田谷区**	**東京都新宿区**
10	**東京都世田谷区**	**東京都世田谷区**	神奈川県鎌倉市	北海道猿払村

注：太字は23区

な傾向を示していた。

1996年には3位に芦屋市、6位に生駒市、10位に鎌倉市が入っていたが、それ以外は特別区が占めていた。2006年には4位に芦屋市、10位に猿払村が入っていたが、それ以外はやはり特別区で占められていた。

このように、高度経済成長後、東京23区周辺あるいは関西の郊外に立地する、閑静で中心部へのアクセスも容易な高級住宅地を抱える自治体にも富裕層が多く住んでいたが、20世紀末から富と富裕層の東京都心への一極集中がさらに進んでしまったということが、このデータからもうかがえるようだ。

†自治体の豊かさでは小規模町村が上位に

都市に住む個々人の豊かさを平均所得で検証したが、次に都市そのものの豊かさを財政力指数によって概観してみよう。財政力指数が1以上なら普通交付税が交付されないことが示すように、財政的に自立して富裕な団体ということになっている。財政が豊かであれば、様々な行政サービスを充実させることや住民が必要とする施設の建設も可能となる。

だが、財政力指数が高い自治体の多くは市ではなく町村で、それも面積や人口に関して小規模なところだ。コンパクトな自治体といっていいだろう。住民がまとまって住み、区域もあまり広くないほうが効率的な自治体運営が可能となる。一般的には以下のような特徴を持つ自治体が該当する。

①大きな発電所（原子力、火力、水力等）が立地する自治体
②大きな工場が多数立地する自治体
③大企業の本社などオフィスが多数立地する自治体
④別荘を数多く抱える自治体
⑤住民が豊かな自治体
⑥空港など巨大なインフラを抱える自治体

実際には、これらの組み合わせになる場合も少なくない。

†豊かさナンバー1は愛知県飛島村

2016年度に最も高かったのは愛知県飛島村《とびしま》だ。財政力指数は2・11で、前記の①と②に該当する。2位以下には北海道泊《とまり》村、青森県六ケ所《ろっかしょ》村、福島県大熊町《おおくままち》、茨城県東《とう》海村《かいむら》と、原発ないし原発関連施設が立地する町村が並び①に該当する。市として一番高い浦安市《うらやす》が1・52で全体の6位となっている（表1-12）。浦安市の場合、東京ディズニーランドからの税収や高層マンション群などの固定資産税、富裕層からの住民税などが潤沢

なためで⑤に該当する。7番目の長野県軽井沢町《かるいざわまち》は別荘やリゾート施設の固定資産税によるもので④に該当する。

以下、市に限定すると、市として2番目の東京都武蔵野市は所得の高い住民が多く住んでいることが一番の理由で⑤に該当する。3番目の愛知県みよし市、4番目の愛知県刈谷《かりや》市にはトヨタ自動車や関連企業の工場が数多く立地している。5番目の茨城県神栖《かみす》市は鹿島臨海工業地帯に工場が数多く立地し、6番目の愛知県豊田市にはトヨタ自動車の本社などが立地している。7番目の千葉県成田市には成田国際空港が、8番目の愛知県安城《あんじょう》市には自動車部品大手のデンソーやアイシンなどの工場が、9番目の愛知県東海《とうかい》市には新日鉄などの工場が立地していることで多くの税収に恵まれている。10番目の東京都調布《ちょうふ》市は住民に富裕層が多いだけでなく、IT関連企業や映画関連企業が数多く立地していることで税収が多くなっている。

財政力指数が高い都市の多くは企業城下町として栄華を誇っているが、これまでも同様に企業城下町として繁栄した都市の中

表1-12　財政力指数上位10市（2016年度）

都市名	財政力指数
浦安市	1.52
武蔵野市	1.49
みよし市	1.35
刈谷市	1.34
神栖市	1.33
豊田市	1.30
成田市	1.28
安城市	1.27
東海市	1.27
調布市	1.25

には、その後の産業構造の転換や企業業績の悪化などによって地域の活力まで失われてしまったところも少なくない。この点については第四章でも触れることとする。

†外国人が多いのは大都市と企業城下町、そしてリゾート地

都市に生活する外国人が増加するから都市が繁栄するわけではないが、外国人が多いのには様々な理由がある。特に人手不足で研修生などの名目で生活する外国人が増えているのが今の日本の現実だ。将来、好むと好まざるとにかかわらず外国人住民は、これまで以上に増加を続けることが考えられるため、取り上げたものである。

２０１６年１月１日の住民基本台帳人口によれば、行政区も含めて外国人住民の割合が最も高いのは大阪市生野区《いくの》の21・6％だった。生野区には在日韓国・朝鮮人が数多く生活し、鶴橋《つるはし》や今里《いまざと》は日本の代表的なコリアンタウンとして観光客も数多く訪れる。

自治体の中で一番外国人の割合が高いのは群馬県大泉町《おおいずみまち》、16・3％とほぼ6人に１人が外国人だ（表1-13）。大泉町など群馬県の南部は自動車産業の下請け工場が数多く位置していて、バブル期の人手不足に入管法の改正を強く要望し、その結果、日系三世の単純労働の道が開かれたのだった。大泉町在住の外国人の多くはブラジル人、ペルー人などで、その大部分は工場の労働者として地域産業を支えている。

2番目に多いのが新宿区、外国人数では3万8585人と最も多い。様々な国籍の外国人で街はあふれている。3番目の北海道占冠村《しむかっぷむら》はリゾート施設で働く外国人が大部分で、台湾、中国、韓国出身者がほとんどだ。

次いで豊島区、荒川区、港区が続き、7番目に台東区とともに岐阜県美濃加茂《みのかも》市となっている。9番目の岐阜県坂祝町《さかほぎちょう》同様、自動車や電子関連の工場で働く外国人が大部分でブラジル人やフィリピン人が多い。

10番目の北海道倶知安町《くっちゃんちょう》、11番目の北海道留寿都《るすつ》村はスキーリゾート関連で働く外国人が多く、特に倶知安町ではオーストラリア人か欧米人が多いのが特徴だ。12番目の埼玉県蕨《わらび》市はワラビスタンと呼ばれるくらい、クルド系住民が多いとも流布されているが、実際にはUR住宅に生活する中国人が圧倒的に多く、公式データではクルド系の人はさほど多くはない。

表1-13　**外国人人口比率上位12市区町村**（単位：%）

順位	市区町村名	比率
1	群馬県大泉町	16.3%
2	新宿区	11.6%
3	北海道占冠村	9.2%
4	豊島区	8.7%
5	荒川区	8.0%
6	港区	7.6%
7	台東区	7.3%
7	美濃加茂市	7.3%
9	岐阜県坂祝町	6.6%
10	北海道倶知安町	6.5%
11	北海道留寿都村	6.3%
12	蕨市	6.2%

注：2016年1月1日現在の値である

外国人住民の増加によって、自治体も様々な対応が必要となっているが、多くのところで後手となっている感は否めない。

これまでは、工場の労働力として、また、観光産業の担い手として外国人に少なからず依存してきたが、今後は介護や医療などの分野でも外国人労働力の流入は続き、多文化共生に向けた自治体の取組みはさらに充実が求められるだろう。

†やっぱり日本は「東京ひとり勝ち」だが……

2015年に実施された国勢調査の時点で東京都の人口は1351万5271人、総人口の10・6%となっている。1948年には6・8%だったのが、戦後の経済成長の中で人口が東京に集中し、1970年には11%を占めていた。その後は東京都の人口も70年代後半と90年代前半には減少局面を迎えた。1995年以降は再び増加に転じ、現在に至っている。ちなみに1995年では全国に占める東京都の人口の割合は9・4%、神奈川県、埼玉県、千葉県の一都三県合わせても25・9%だった。それが20年後の2015年には28・4%と2・5ポイント上昇している。東京都だけでなくその周辺にも人口が集中していることが読み取れる。

人口増加率でも千代田区をはじめとする都心三区がベスト3を占め、上位10の中に6つの区が入っている。人口減少社会が本格化する中で、都内だけは別世界のような有り様だ。都内が活気を呈するのは、特に昼間だ。昼夜間人口比率はやはり千代田区が群を抜いて高く、夜間人口の14倍を超えている。1位から9位まで23区がずらりと並び、10位にようやく大阪市が入っている。一方、江戸川区や練馬区など23区中11区は比率が100未満で、ベッドタウンの顔も特別区はあわせて持っているのだ。平均年齢も特別区全体で44・53歳、一番高い北区の46・26歳から一番低い中央区の42・29歳まで、どの区も全国平均よりも若くなっている。

一人当たりの県民所得でも東京都は毎年トップを独走しているが、一人当たりの市区町村平均所得でも上位10のうち7つの区が入るなど、個人の豊かさでも突出している。40年前の1976年には3つだけだったことを考えても、富が都心にますます集まっていることは明らかだ。東京都と特別区に関しては、他の道府県と市町村とは異なる財政調整制度が導入されていることもあって、単純に財政力指数などで比較することはできないが、貯金と借金の比率をみることでその凄さが明らかになる。

例えば2016年度の決算で全国の市区に関して積立金残高（貯金）／地方債残高（借金）は23％に過ぎない。つまり、貯金よりも借金のほうが4倍以上多いことになる。一方、特別区に限ると339％、貯金が借金の3倍以上で、これは全国平均の約15倍だ。それだけ特別区には貯金が潤沢にあるということだ。この一つの指標からだけでも特別区が「特別」裕福なことがわかるだろう。

だが、東京都は全国最低の合計特殊出生率、しかも23区の3分の1は、1未満という低い水準を考えれば、かえって人が集まれば集まるほど全国的な少子化を加速させてしまうのではないかという危惧もある。

東京、それも都心が様々な面でひとり勝ちの状況に至っていることはこれらのデータから明らかだろう。そして次章で述べる通り、2045年の未来像はさらに衝撃的なものとなっている。

第二章　だれが都市を殺すのか

1　2045年、衝撃の未来

†約半分の市区町村が消滅

2014年に日本創成会議によって公表されたレポートが日本中に与えた衝撃は大きかった。全国で半分近くの896市区町村が2040年に消滅の可能性があると報じられ、国、地方、さらには行政だけでなく民間も一緒になって対応しなければいけないという危

表2－1　2045年の日本の姿

	2015年	2030年	2045年
総人口（千人）	127,095	119,125	106,421
年少人口率（%）	12.5	11.1	10.7
高齢化率（%）	26.6	31.2	36.8
後期高齢者率（%）	12.8	19.2	21.4

機感が醸成《じょうせい》された。そして地方創生が国と地方を通じた大きな政策目標となったのである。

このレポートは、厚生労働省の国立社会保障・人口問題研究所が自治体ごとの2040年における人口や高齢化の状況について2013年にまとめた「日本の地域別将来推計人口」を元にしたものである。そしてその5年後の2018年に公表された2045年の推計結果は、2040年以上に衝撃的な内容だった。

2015年の日本の人口は1億2709万4745人、2030年には1億1912万5000人、2045年には1億642万1000人にまで減少すると推計されている（表2-1）。これは出生、死亡とも中位の推計によるもので、最も悲観的な死亡高位、出生低位の推計ではさらに少なくなり、2045年には1億184万人になるとされている。

人口減少の流れは止まらない。2015年を100とすると、30年後の2045年には83・7となる。人口が6分の1ほど減ってしまう計算となるのだ。少子化の勢いも同様だ。2015年の

0歳から14歳までの年少人口の比率は12・5%だった。これが2045年には10・7%、小中学校の統廃合は全国各地でさらに進むだろう。

一方、65歳以上の高齢者の比率は、2015年に26・6%だったのが2030年には3割を超え、2045年には36・8%と、3人に1人以上は高齢者という社会が到来することになる。さらに深刻なのは75歳以上のいわゆる後期高齢者といわれる老人の増加だ。2015年に12・8%だったものが、2030年には19・2%、2045年には21・4%にまで上昇する。そう遠くない将来には高齢者の定義も70歳ないし75歳以上となってしまうのかもしれない。

総人口などについては2045年以降の推計も行われている。5年前に比べると合計特殊出生率が若干持ち直していることもあって、1億人を切るのは2048年から2053年と5年ほど遅い推計となっているが、決して楽観視できるような状況ではない。2065年には8808万人になるだろうとされている。

†都道府県の近未来

日本全体の人口減少傾向は止まらない。それでは都道府県別ではどうだろうか。2010年から2015年の5年間に人口が増加したのは東京都、神奈川県、愛知県、埼玉県、

表２-２　2045年の都道府県人口上位５（単位：千人）

	2015年		2030年		2045年	
順位	都道府県	人口	都道府県	人口	都道府県	人口
1	東京都	13,515	東京都	13,883	東京都	13,607
2	神奈川県	9,126	神奈川県	8,933	神奈川県	8,313
3	大阪府	8,839	大阪府	8,262	大阪府	7,335
4	愛知県	7,483	愛知県	7,359	愛知県	6,899
5	埼玉県	7,267	埼玉県	7,076	埼玉県	6,525

千葉県、福岡県、沖縄県、滋賀県の８都県で、残りの39道府県は人口減少となっていた。人口増加の都県もさらに減少し、２０２５年から２０３０年にかけて人口増となる見込みなのは東京都と沖縄県だけで、２０３０年以降はすべての都道府県が人口減少社会を迎えることになる。

東京都も２０３０年の１３８８万３０００人をピークに減少となり、２０４５年には１３６０万７０００人となる。神奈川県は９００万人台から８００万人台に、大阪府は８００万人台から７００万人台に、愛知県と埼玉県は７００万人台から６００万人台に後退している（表2-2）。

上位の順番は変わらないが、下位には若干の変動がある（表2-3）。２０１５年は人口最小が鳥取県、以下島根県、高知県、徳島県、福井県の順だった。これが２０３０年には島根県と高知県で順番が入れ替わり、２０４５年には鳥取県と高知県が50万人台を割り、以下、島根県、徳島県、山梨県が下位に並ぶ。

表2-3　2045年の都道府県人口下位5（単位：千人）

	2015年		2030年		2045年	
順位	都道府県	人口	都道府県	人口	都道府県	人口
43	福井県	787	福井県	710	山梨県	599
44	徳島県	756	徳島県	651	徳島県	535
45	高知県	728	島根県	615	島根県	529
46	島根県	694	高知県	614	高知県	498
47	鳥取県	573	鳥取県	516	鳥取県	449

また、２０１５年の人口を１００とすると、東京都だけが１００・７と若干上回るものの、他の46道府県はすべて１００未満となり、一番減少率の高い秋田県は58・8と4割以上も減少が見込まれる。青森県が63・0、山形県と高知県が68・4、福島県が68・7と、人口減少のスピードは特に東北地方で顕著で、下位5県のうち4つを占めている。

このように人口減少は全国一律に進むのではないのだ。

関東、それも1都3県のいわゆる南関東の総人口に占める割合はさらに高くなり、２０１５年に28・4％だったのが２０４５年には31・9％と、ブロックごとでは唯一シェアが高くなっている。人口減少社会の中で首都圏ひとり勝ちの状況が続くのである。

0歳から14歳までの年少人口の割合が一番高いのは沖縄県、２０１５年は17・3％だったが、２０４５年にはそれでも15・3％に下がる。次いで熊本県（12・6％）、滋賀県と佐賀県（12・5％）、広島県（12・0％）が続き、九州など西日本で高くなっている。最も低いのが秋田県の7・4%、次いで青森県（8・2%）、北海道（9・0%）、福島県と岩手県（9・2%）と、東北・北海道で低くなっている。まさに子供の割合は西高東低だ。

一方、65歳以上の人口に関しては様々な変化がみられる。まず、2020年まではすべての都道府県で数は増加するものの、その後、減少県も出てくるのだ。2015年に比べると2045年のほうが少ない県は12もある。その一方で大都市部などまだ高齢化率が相対的に低いところのほうが高齢化の進展は早い。2045年の高齢者数が2015年より30%以上増えるのは東京都、神奈川県、そして沖縄県だ。

高齢化率については2015年の時点では秋田県、高知県、島根県、山口県、徳島県の順だったが、2045年には秋田県、青森県、福島県、岩手県、山形県と西日本の県は上位から姿を消し、東北各県がずらりとならぶ（表2-4）。しかも秋田県に至っては、ついに県全体で2人に1人が高齢者の時代に突入してしまうのだ。人口減少と高齢化は東北地方の存続すら危うくしかねない。

低い方の順位にはさほど変動は大きくなく、2045年では東京都、沖縄県、愛知県、滋賀県、福岡県の順で、ついにすべての都道府県の高齢化率が30%を超えてしまう。75歳以上の人口もおおむね同じ傾向にあって、2045年に一番高い割合の秋田県は31・9%、最下位の東京都ですら16・7%と、6人に1人が後期高齢者だ。

†人が消える市区町村

このように日本全体の人口減は深刻な状況となることが予想されている。それでは個別の市町村、特に都市はどうなるのだろう。ここでは、1682市区町村（778市、東京23区、713町、168村）を対象としていて、県全体について将来人口を推計した福島県内の市町村は含まれていないことに留意されたい。

2015年に5万人以上あった市区町村の数は535だったが、2045年には421に減少する。一方、5000人未満の市区町村の数は249から444へと1・8倍に増加する。この結果、市区町村の4分の1強に当たる26・4%が人口5000未満となる。特に北海道では69・4%と、7割近くの市区町村が該当する。

そして人口の増減である。すでにここで対象とした市区町村のうち、2010年から2015年にかけて全体

表2-4　高齢化率上位5県の変化

（単位：%）

	2015年		2045年	
順位	都道府県	高齢化率	都道府県	高齢化率
1	秋田県	33.8	秋田県	50.1
2	高知県	32.9	青森県	46.8
3	島根県	32.5	福島県	44.2
4	山口県	32.1	岩手県	43.2
5	徳島県	31.0	山形県	43.0

表２－５　**2045年の人口増加率上位10市区町村**（単位：％、人）

順位	市区町村	増加率	増加数
1	中央区	34.9	49,313
2	港区	34.4	83,593
3	千代田区	32.8	19,183
4	中城村	29.4	5,725
5	朝日町	23.5	2,479
6	長久手市	22.7	13,062
7	粕屋町	20.4	9,271
8	菊陽町	20.3	8,325
9	江東区	16.7	83,150
10	台東区	16.4	32,459

の81・3％に相当する１３６７市区町村が人口減となっている。これが２０２０年から２０２５年にかけては１５３７市区町村（91・4％）、２０３０年から２０３５年にかけては１６１５市区町村（96・0％）、２０４０年から２０４５年にかけては１６６４市区町村（98・9％）、つまり、人口増をキープしているのはわずか17市区町村だけとなってしまうのだ。

増減率０の東京都御《み》蔵島《くらじま》村を除くと、これらは中央区、港区、千代田区、沖縄県中《なか》城村《ぐすくそん》、三重県朝日町《あさひちょう》、愛知県長久手市、福岡県粕屋町《かすやまち》、熊本県菊陽町《きくようまち》、江東区、台東区、沖縄県宜野座村《ぎのざそん》、熊本県大津町《おおづまち》、埼玉県戸田市、千葉県流山市、品川区、埼玉県吉川《よしかわ》市、そして愛知県高浜市だ（表２-５）。３分の１強の６つが特別区で、埼玉県、愛知県、熊本県、沖縄県がそれぞれ２つ、千葉県、三重県、福岡県がそれぞれ１つとなっている。しかも人口増加率のベスト３がここでも中央区、港区、千代田区の都心３区となっているのだ。

ほとんどの市区町村が人口減少社会を迎えることになる中で、２０４５年には東京都心のひとり勝ちはますます進んでしまう。

２０１５年の人口を１００とすると、２０４５年の人口が１００を超えている市区町村はわずか94（５・６％）で、全体の73・９％を占める１２４３市区町村で２割以上人口が減少すると予想されている。特に３３４市区町村（19・９％）と５つに１つは人口が半分以下になってしまうのだ。もっとも減少率の高いのは奈良県川上村で指数では20・６、つまり人口が５分の１程度（１３１３人から２７０人）となってしまう。次に高いのが歌志内市で22・７、３５８５人が８１３人と１０００人を切ってしまうと予想されている。これで市を維持するのは可能なのだろうか。このほか、市の中では、夕張市が25・５で、８８４３人から２２５３人とほぼ４分の１にまで減少してしまう。自治体の消滅ということが現実問題となってきたのではないだろうか。

20ある政令指定都市の中でも２０４５年に１００を超えているのは、福岡市、川崎市、さいたま市の３市だけだ。一方、23区のうち、１００を切るのは足立区、葛飾区、江戸川区、北区、中野区の５区だけで、残りの18区は１００を超えている。

０歳から14歳までについては、２０１５年より２０４５年のほうが多いのは35市区町村（２・１％）で、ほとんどの市区町村では子供の数が減少する。７７７市区町村（46・２

%）では半数以下となり、特に奈良県下北山村《しもきたやまむら》では0、子供がいなくなるという衝撃的な結果となっている。

65歳以上の人口については、総人口の減少に伴い停滞ないし減少に転じるところも増えてくる。だが、その比率は上昇を続け、高齢化率が50％以上の市区町村は2015年には15（0・9％）だけだったのが、2045年には465（27・6％）と3割に迫るところとなる。一番高いのは群馬県南牧村《なんもく》で78・5％、4人に3人強が高齢者ということになる。市ではやはり歌志内市が69・1％で最も高く、一方、低い方では東京都御蔵島村（17・1％）、東京都小笠原村《おがさわらむら》（20・8％）、沖縄県竹富町《たけとみちょう》（22・4％）と離島が続き、市区の中では中央区が23・3％で一番低くなっている。75歳以上も同様で、群馬県南牧村が最も高く63・3％となっている。

†変わる都市の順位

人口がすべてではないが、これまでも都市の活力を測る重要な指標として再三再四取り上げてきた。都市の人口順位はどのように変わっていくのだろうか。

2015年の市区町村の人口順位をみると、横浜市を筆頭に政令指定都市が上位に並び、100万都市は11、それ以外では世田谷区が90万3346人で14位に入る。50万人以上が

35で、このうち特別区は4つ。30万人以上は82で、同様に特別区は10だった。

15年後の2030年には横浜市以下、上位5位までに順位の変動はないが、6位には川崎市が入り、神戸市を抜くこととなる。しばらくは市内でタワーマンションの建設ラッシュも続くということだろう。また、世田谷区が北九州市を抜いて13位となり、練馬区が新潟市、浜松市、熊本市を抜いて19位から16位に躍進する（表2-6）。特別区は軒並み順位を上げているのだ。このほか、大田区は熊本市と相模原市、岡山市を抜いて22位から19位に、板橋区は31位から27位に、江東区は36位から31位に、品川区は58位から45位となっている。一方、50万人以上は34で、2015年に比べると1つ減り、30万人以上は80で4つ減る予想だ。このうち特別区では50万人以上が7つ、30万人以上が13で、ともに3つ増えている。

そして2045年にはどのような変化を遂げているのだろうか。100万都市グループから仙台市が脱落し、神戸市は京都市

表2-6　主な特別区の人口順位の推移

	2015年	2030年	2045年
世田谷区	14位	13位	12位
練馬区	19位	16位	14位
大田区	22位	19位	16位
板橋区	31位	27位	24位
江東区	36位	31位	29位
品川区	58位	45位	36位
⋮	⋮	⋮	⋮
港区	107位	78位	62位
中央区	191位	141位	119位
千代田区	463位	344位	293位

に抜かれ、さいたま市との差も縮まっている。このペースが続けば2050年にはさいたま市のほうが神戸市よりも人口が多くなっているだろう。50万人以上は2030年と比べると3つ減って31に、30万人以上は8つ減って72となるが、順位や構成がちょっと変わってくる。まず50万人以上の市区の中で特別区は1つ増えて8、30万人以上では2つ増えて15となっている。順位をみるとその変動は顕著だ。2015年時点で人口30万人以上の市区で特に順位の変動が大きいのは品川区、58位から36位と22番も上げている。江東区は36位から29位へ、板橋区も31位から24位へと、特別区に人口がますます集中していることが順位だけからも明らかだ。

だが、もっとも順位の変動が大きいのが都心3区だ。港区は107位から62位に上がり、30万都市の仲間入りをしている。中央区は191位から119位、千代田区に至っては463位から293位と順位が170も上昇している。

東京都心への人口集中の流れは留まるところを知らない。全国的に人口が減少する中で、特別区の多くは表2-7のように人口増が想定されている。他の市が減少に転じる中で、多くの区はまだまだ人口増加が想定されているのだ。23区全体でも2015年に927万2740人だったのが増加を続け、2035年にはピークの976万7548人に達する。もう少しで1000万都市になるところだが、その後緩やかに減少し、2045年には9

表2-7　**特別区の人口推計**（単位：人）

	2015年	2030年	2040年	2045年
千代田区	**58,406**	**73,680**	**77,135**	**77,589**
中央区	**141,183**	**176,749**	**187,864**	**190,496**
港区	**243,283**	**306,009**	**323,431**	**326,876**
文京区	219,724	244,655	249,401	248,930
台東区	**198,073**	**221,716**	**229,332**	**230,532**
墨田区	256,274	268,526	270,678	270,049
江東区	**498,109**	**562,515**	**578,684**	**581,259**
品川区	**386,855**	**429,158**	**440,336**	**441,669**
目黒区	277,622	296,850	301,037	300,475
渋谷区	224,533	240,219	243,770	243,151
荒川区	212,264	225,996	229,232	229,050
板橋区	561,916	605,525	612,523	610,486
練馬区	721,722	782,599	796,211	794,663

注1：2040年まで人口増となっている13区を対象とした
注2：太字は2045年時点でも人口増となっている区である

７０万２１３４人となっている。

人口増加数では福岡市が唯一10万人を超え、以下、港区、江東区、川崎市、練馬区、品川区と首都圏の市区が続く。1万人以上増加する23市区のうち、首都圏以外は福岡市と長久手市だけだ。

一方、人口減少数が最も顕著なのは大阪市で、30年間に28万人以上減ると予想されている。横浜市、神戸市、北九州市と続き、政令指定都市以外では12番目の長崎市が、２０１５年の42万９５０８人か

表2-8　**人口が10万以上の減少が見込まれる市**（単位：人、%）

都市名	減少数	減少率
長崎市	−118,426	−27.6%
横須賀市	−115,603	−28.4%
東大阪市	−108,616	−21.6%
青森市	−104,120	−36.2%
函館市	−103,267	−38.8%

注：政令指定都市を除く

ら31万1082人と11万8426人も減少してしまう（表2-8）。その次がかつての軍港都市、横須賀市でこもついに人口は30万人台を切ってしまう見込みだ。また、県庁所在都市で最も人口減少率が高い青森市は、28万7648人から18万3528人と36・2%も少なくなってしまう。

地方都市の多くは軒並み大幅な人口減だ。かつては北洋漁場の基地として、また、造船業なども盛んだった函館市も26万5979人から16万2712人と38・8%も減ってしまう。小樽市に至っては12万1924人から6万4224人と半減だ。港町の衰退はますます深刻度を増す。そして歌志内市をはじめ、夕張市、三笠市、赤平市、高知県室戸市が、市でありながら人口5000人を切ってしまう。このように、地方都市のほとんどは壊滅的といってもいいような状況に追い込まれていく。

決して国も手をこまねいていたわけではない。様々な地方自治の改革ともいうべき取組みを進めてきたが、それらが、結果として地方の衰退を進めてしまったのではないだろうか。次に平成の大合併と道州制論議、さらには首都機能移転論の顚末について眺めてみよう。

2　平成の大合併とは何だったのか

†3度目の市町村合併の狙い

我が国の市町村合併はこれまで3度、大規模に実施された。明治の町村合併では江戸時代以来続いていた7万余りの村落について、明治政府によって強引に合併が進められた。町村数は1888年末の7万1314から1889年末には1万5820と約5分の1に減少した。このときはおおむね小学校1校の区域となるべく、約300から500戸が町村の標準規模とされた。

昭和の市町村合併では、少なくとも一つの中学校が運営できる規模となるよう合併が進められ、1万余の市町村が4000弱に再編された。この際、規模として人口8000人程度が標準と考えられたが、どこと一緒になるか、あるいは自立を選ぶかなどについて各地で大議論となった。建て前では地域の自主性が尊重されたが、実際には議会で賛成派と反対派とが暴力沙汰となり警察が出動する事態が起きるなど、その後に禍根を生む結果となったところもあった。

そして平成に入って3度目の合併が進められた。合併が進められた背景や理由について、総務省の報告書（「平成の合併」について）では、以下のように述べている。

経済成長の反面、東京一極集中が進み、国民の生活形態や意識も多様化し、特に、これまで地域で支え合いの機能をもっていた、家族やコミュニティが大きく変容し、公共サービスの担い手としての市町村に対する負荷が増大してきた。加えて、これまでのような右肩上がりの経済成長が期待できない中で人口減少・少子高齢化が進展し、国・地方を通じた巨額の債務等の深刻な財政状況下において、複雑・多様化する住民サービスを提供しなければならないなど、市町村を取り巻く環境は厳しさを増してきた。以上のような状況を背景に、地方分権の担い手となる基礎自治体にふさわしい行財政基盤を確立することが強く求められ、平成11年以来、全国的に市町村合併が積極的に推進されてきた。

なお、平成12年には当時の与党であった自民党・公明党・保守党の与党行財政改革推進協議会において「基礎的自治体の強化の視点で、市町村合併後の自治体数を1000を目標とする」との方針が示されていた。

要は、少子高齢化が進展し、また、広域的な行政需要が増大する中で、地方分権と行政改革を推進するためには、現行の市町村では規模・能力の面で不十分なところが少なくなく、行財政基盤を強化するためには市町村合併を進めることがベストの選択である、といったことが主な理由だったのだ。地方分権の受け皿としてふさわしい規模の自治体とするために、合併特例債や地方交付税の合併算定替という財政的なインセンティブを与えて進められていったのである。

†市の増加、町村の激減

平成の市町村合併が進められ、1999年3月末時点で3232あった市町村もその7年後の2006年3月末では1821となり、2018年時点では1718と、ほぼ半減している。市の数は670から792に増加し、その一方で町は1994から743へ、村は568から183へと大幅に減少している。先にも述べたように、今や国民の9割以上の住所が市にあることになっている。

もともと、市の要件は地方自治法では人口5万以上と原則が定められているが、特例法で3万以上でも市になることが可能となったことも合併推進に拍車がかかった。やはり、町や村よりも市のほうが、ステータスが高くイメージもいいと考える人が多かったからだろう。その結果、市といっても都市とはいい難いところが数多く誕生したのだった。

面積でも市区は日本全体の57・4%と町村部よりも広くなっている。昭和の市町村合併で過半の人口が市に住むようになり、そして平成の市町村合併で区域も過半が市に属することになったのだ。

だが、市とはいっても、結局のところ小規模な町村が合併しただけで新たな中心市街地が形成されるわけでもなく、小さな街が分散するタイプが多くなったのが実態だ。人口1万ちょっとの町が3つ合併して市になっても一般的に想起される都市に生まれ変われるわけではない。平成の市町村合併は、単なる数合わせだったという側面は決して小さくはなかっただろう。

†大合併の温度差

平成の市町村合併は、地方分権の推進というお題目もあって、自主的な取組みという枠組みは形式的には保たれた。都道府県が積極的で、結果的に多くの合併が行われたところ

表2-9　市町村数の減少数上位下位5の都道府県

順位	都道府県	1998年	2018年	差引
1	新潟県	112	30	82
2	広島県	86	23	63
3	長崎県	79	21	58
4	岐阜県	99	42	57
5	鹿児島県	96	43	53
⋮	⋮	⋮	⋮	⋮
43	山形県	44	35	9
44	奈良県	47	39	8
45	神奈川県	37	33	4
46	大阪府	44	43	1
46	東京都	40	39	1

もあれば、地域の複雑な事情もあって、あまり進まなかったところもある（表2-9）。

　最も市町村が減少したのは新潟県だ。1998年時点で112あった市町村は30と82も減少している。次が広島県で63減少している。減少率では長崎県が最も高く、79市町村から21と73・4％も減少している。一方で、東京都と大阪府のようにわずか1団体しか減らなかったところもある。

　東京都の場合は2001年に田無《たなし》市と保谷《ほうや》市が合併して西東京《にしとうきょう》市となった1件だけ。大阪府の場合は2005年に堺市に美原町が編入された1件だけだ。東京都には、23区のほかには島嶼《とうしょ》部を除いて

26の市と3つの町、そして1つの村がある。その区域は札幌市より少し広いだけだ。多摩の山間部を除けば市町村を隔てる地形的な障壁も少ない。それにもかかわらず、合併の議論は活発には行われてはいなかった。本来であれば、効率的で広域的な行政運営という視点からは、もっとも合併にふさわしい地域ではあったが、財政的に裕福なところが多く、敢えて合併してスリムな地域経営を行おうという声は少なかったようだ。これは大阪府も同様だった。

今回の合併を逃せばインフラの抜本的な整備は今後ほとんど不可能になる、だが合併すれば合併特例債という有利な財政措置によって何とかある程度は整備が可能だと多くの自治体は考えた。結局のところ、財政的にあまり余裕のない市町村同士が合併するという、「弱者連合」のような合併が大部分ではなかったのではないだろうか。

このほか政令指定都市、あるいは中核市となって国や都道府県から一定の権限や財源が移譲され、都市の規模も大きくなってイメージアップにもつながるという思惑での合併も一定数みられた。いずれにしても、市町村合併に対しては都道府県によって明らかに温度差があったのだった。

†一変した地名

企業でも同様だが、合併の際、その名前をどうするかでひと悶着することも少なくない。結局のところ、どこかで妥協するしかないのだろう。銀行では、合併した各行の名前をそのまま羅列するケースもみられた。市町村にもそのようなパターンがあった。特に全部ではなく、旧市町村名の一部を組み合わせるということもよくみられた。例えば茨城県小美玉《おみたま》市は、小川町、美野里町《みのりまち》、玉里村《たまりむら》の頭の一文字をとって命名されている。長野県長和町《ながわまち》は長門町と和田村の頭の一文字が使われている。

旧国名を使って、山梨県甲州市、静岡県伊豆市、兵庫県丹波市などが誕生し、さいたま市やつくばみらい市などひらがなの市町村名や、南アルプス市のように久々のカタカナ地名の市までできたのだった。群馬県みどり市や栃木県さくら市のように、どこにあるのか想像がつきにくいような市町村名も少なからず誕生したのである。

あるいは西東京市、北名古屋市、四国中央市といったように著名な地名に方角などをつけて、その所在地を分かりやすく示そうとしたものもいくつかできたが、かえってわかりにくく没個性的だという批判も生じたのだった。

地名をどうするかについては、人によって見解が大きく分かれるだけに、合併時の市町村名を決定することはとてもデリケートな問題だった。住民投票を行ったところも少なくないが、かならずしも一位になったところがすんなりと採用されているわけでもない。

このようなこともあって、平成の市町村合併に対しては厳しい見方をする人も少なくない。だが、地名は長く使っていればいずれ慣れてしまうという面があることを忘れてはいけない。例えば、今、大田区の名前がおかしいという人はどれだけいるだろうか。大田区は東京に35区あった時代の大森区と蒲田区が合併してできたもので、それぞれの一文字が使われている。国立市《くにたち》は国分寺と立川の間にあって、それぞれの一文字が使われている。ひらがなだからといって、いわき市に違和感を持つ人は以前よりは相当減ったはずだ。ニセコ町がカタカナ地名だからおかしいという人はほとんどいないだろう。

名は体を表すとはいうものの、慣れてしまえば多くの人は受け入れてしまうものである。ユニークな地名が乱造されたことだけをもって、平成の市町村合併の評価を決めるのは避けた方がいいだろう。

†なんちゃって大都市も

その一方で、やはり数合わせのための合併というものが各地でたくさんみられたのも事実だ。特に政令指定都市やそれに準ずる権限を持つ中核市になるために農村地域も相当程度合併することになったのだった。それこそ村が町を飛び越えて、市、それも一番格上ともいうべき政令指定都市へ何階級も特進してしまったケースもあった。

15市町村が大合併して本州日本海側で唯一の政令指定都市になった新潟市は、新潟平野の田園地帯の農村も合併したことによって、日本一米の収穫量が多い市町村となった。新潟市では自ら田園型政令指定都市と銘打っているが、田舎を想起する田園と大都市の典型とみなされる政令指定都市の合体ということに違和感を持つ人も多いだろう。

さらに驚くべきは浜松市と岡山市、そして京都市である。浜松市の場合、県北部の天竜川沿いの山間地まで一緒になったことによって、政令指定都市であるにもかかわらず、過疎地域を含むこととなった。具体的には旧佐久間町、旧水窪町《みさくぼちょう》、旧春野町《はるのちょう》、そして旧龍山村《たつやまむら》がもともと過疎地域として指定されていたからであった。浜松市は政令指定都市であるとともに、その市域の半分近くが過疎地域というなんともアンバランスな都市になってしまったのだ。同様に岡山市も旧建部町《たけべちょう》の区域は過疎地域だ。そして、6大都市の1つ、京都市の中にも2005年に編入された旧京北町の区域が過疎地域となっている。

岡山市、京都市も含め、秋田市、富山市、長野市、高松市、鹿児島市など全部で18の県庁所在都市に過疎地域が含まれてしまったのだ。もはや都市部と地方部というのは単純に市町村の境界だけで語るのは不可能となってしまった。

†平成の市町村合併がもたらしたもの

平成の市町村合併については様々な評価がある。積極的なものもあるが、どちらかといえば否定的なもののほうが多く、また、やむを得なかったとみる向きも少なくない。

総務省の報告書でも、住民の反応としては、「合併して悪くなった」「合併しても住民サービスが良くなったと思わない」「良いとも悪いとも言えない」といった声が多く、「合併して良かった」という評価もあるが、相対的には合併に否定的評価がなされている、としている。

全般的にみると行政側の方が肯定的な評価が目立つが、その主なものとして、専門職員の配置など住民サービス提供体制の充実強化が図られ、少子高齢化への対応や広域的なまちづくりがそれなりに進められ、また、適正な職員の配置や公共施設の統廃合など行財政の効率化がもたらされたとしている。基本的には行政改革の側面からの評価といえるだろう。

一方、デメリットとして、周辺部の旧市町村の活力喪失や住民の声が届きにくくなっている点、住民サービスの低下、さらには旧市町村地域の伝統・文化、歴史的な地名などの喪失が挙げられている。

否定的な意見が多いのも事実だが、合併論議を契機に自分のまちの将来について多くの人が考えるようになり、また、地域でできることは地域で実施するというような自助自立の意識が高まり、住民の主体的な地域活動が活発化したところもないわけではない。だが、これは過疎地域など地域を取り巻く環境が厳しい状況のところがほとんどで、東京や大阪などのように合併にほとんど無縁の大都市地域では残念ながらそのような兆しはあまりみられない。

†中央集権で地方分権を進める矛盾

平成の市町村合併は終わりを告げたが、合併そのものがまったくなくなるということではない。最近でも長野県で岡谷市、諏訪市、下諏訪町の合併を模索する動きが起きている。与党の1000自治体という目標からすれば、市町村の数は700余り超過している。今後、さらなる市町村合併を、という声が強くなってくることもないとはいえない。

その場合、全国の市町村数の1割強を占める北海道が最初にクローズアップされるだろうが、これ以上広大な面積を持つ市町村にしたところで、行政改革の効果は限定的なものに留まるだろう。2番目に多い長野県に関しても、実際、すべての市町村を回ってみるとその多くは周辺の自治体と地形的に大きく隔絶されている。谷が深いのだ。北海道同様、仮に強引に市町村合併を進めたとしても効率化には限りがある。そもそも地域の意志を無視してまでの合併であれば、それは地方分権とは相容れない中央集権の極みである。1000という目標自体、無理があったのだ。さらにいえば、300程度に再編すべきというかつて日本青年会議所や小沢一郎などが主張していた論は、それこそ地方の市町村の多くを小さな都道府県並みの面積にしない限りは実現するものではない。

市町村というのは主として人に対する行政サービスを担う存在だ。小中学校や上下水道、ごみ、介護などの福祉、住民票などの窓口業務といったきめの細かな仕事が大部分だ。これ以上の合併推進は、市町村本来の役割を考えれば、少なくとも国レベルで積極的にすべきではない。

敢えて合併の余地が残っているとすれば、行政改革の視点からすれば東京や大阪といった大都市部の市町村だろう。財政的に余裕があることもあって、類似施設が近接して建設されているなど行政サービスの無駄と思える点も少なくない。それこそ、23区外の多摩地域は50万人程度のいくつかの市に再編できればそれなりの行政コストの削減にはなるだろう。そして、23区とて聖域とせず数個の政令指定都市規模の自治体に再編すれば、少なくとも行政改革には資する。

このほうが小規模町村の再編を促すよりもはるかに効果は多いだろうが、残念ながらこのような主張はほとんどみられないのが現実であり、また、無理に合併を進めるものでもないだろう。

3 道州制論議は消えたのか？

†道州制論議は明治期からあった

道州制とは何だろう。一時期、導入の是非ということが国政レベルでも議論にはなったが、現在はまた下火となっている。アメリカの州と同じようなものと考えている人もいれば、中には律令制の5畿7道を思い起こしている人もいるかもしれないが、実は似て非なる存在なのだ。

これはもともと、130年ほど続いた現行の都道府県を廃止・統合して大括りの道や州という新たな自治体に再編するという構想である。ちなみにアメリカは日本のような単一主権の国家ではなく連邦制で、州も一応国家という位置づけ。このため、各州には憲法があり、州の軍隊組織も持っている。この点は大きく異なるので注意が必要だ。

2006年には国の審議会である第28次地方制度調査会の答申も出され、政府レベルや政党レベルで検討が行われた。市町村合併の次は都道府県改革をというムードが盛り上がったのはこの頃である。要は都道府県も聖域ではないのだ。

しかし、仮に道州制が実現するとしても、それまでには様々な困難も予想され、その前途は多難である。なぜなら、いまだその姿をみたものはだれもいない。道といっても現行の北海道とはまったく異なるものである。

戦前は国の出先機関という位置付けだった都道府県も、戦後には自治体化された。だが、都道府県のあり方、特に公選知事のあり方などに批判が強まり、また、大都市と都道府県との間で、特別市導入に対する厳しい対立などから、特に都市側から都道府県不要論が噴出したのだった。この議論は明治期、当時の県令（知事）からも提起されていたものがさきがけだった。

激論が渦巻く中、1957年には、国の第4次地方制度調査会から、国と地方公共団体の中間的な団体と位置付けた「地方」案（都道府県を廃止して全国を7から9つの「地方」に再編し、内閣総理大臣が任命する地方長を置くという案）が答申されたが、結局は法案化されることはなかった。当然のことながら、都道府県という目の上のたんこぶのような存在がなくなることから大都市を中心に市は賛成で、都道府県は反対という対立構造はその後も尾を引いていったのだ。

1960年代に入ると、東海地区や関西地区などで都道府県合併の具体的な動きが表面化したが、これも実現には至らなかった。その一方で、経済界、特に関西経済連合会や日本商工会議所、経済同友会などが積極的に提言を行っていて、国と地方のあり方を大幅に転換し、道州制の導入によって行政の効率性、コスト削減や規制緩和を求めている。そもそも経済界自体がすでにブロック化していること、さらにはブロック化された経済団体を実質的に支配しているのがやはりエリアが広域化している電力会社ということも、経済界が道州制に積極的である背景として挙げられよう。

先の第28次の答申では、地方分権の推進や地方自治の充実強化を前提にして、自立的で活力ある圏域の実現、国と地方を通じた効率的な行政システムの構築の方向に沿った道州制の具体的な検討を行うべきとしていて、都道府県に代えて道州を置き、道州および市町村の二層制の構造が望ましいとしている。

道州の区域としては、答申では各府省の地方支分部局の管轄区域に基本的に準拠した9、11、13の3パターンが示されている。東京は周辺県と合わせて一つの道州とすることが基本であるが、東京都だけで一つの道州とすることも考えられるとしている。実は道州制導入で東京都をどうするか、ということについては見解の一致が得られていないのだ。

このほか、都道府県が実施している事務は大幅に市町村に移譲し、道州は広域事務を担う役割に軸足を移し、また、現在国の出先機関が実施している事務はできる限り道州に移譲することが望ましいとしている。

†道州制は国そのものを変える？

道州制の導入となれば、それは国家統治のあり方そのものの変革である。国の出先機関の業務を大幅に道州に移譲してスリム化した国は、グローバル化が進展する中で、国際社会において真に自立した国家としての役割を果たすべく、外交や安全保障などに総力を注ぎ込むことがその本務となる。国際環境が激しく変化する中で国の役割を重点化し、内政に関することは基本的には道州と市町村に任せ、真の意味での分権型社会を構築することが道州制導入のそもそもの狙いである。

内政の要となる道州は、住民に身近なサービスを市町村に委ねつつ、高度なインフラ整備や経済産業振興、国土・環境保全、広域防災対策など、地域の実情に応じた広域的な行政需要に的確に対応することが可能となる。特に、人口減少社会の中で地域の活力を維持・向上させる観点から、自立的で活力ある圏域の実現に資することが期待されている。

しかしながら課題も少なくない。道州制を本気で推進するのであれば、内閣の強力なリーダーシップが大前提として不可欠であり、中央省庁のさらなる再編へと繋がっていくこととなるだろう。これまでも何度となく道州制や都道府県合併の議論が繰り広げられてきたが、経済界、政界、中央省庁や自治体の関係者、そして有識者の間での議論に留まっていた。その意味では常に住民不在の議論であった。住民の支持が得られない道州であれば、むしろその導入は百害あって一利なしということになりかねないのである。高校野球などを通じて培われてきた47都道府県の郷土意識も無視することはできない。

また、地方の新聞社や放送局、銀行、さらには各種団体が都道府県を単位として組織化されている現状を考えれば、道州制の議論はこれらの団体に対しても再編等の様々な影響を及ぼすことは間違いない。

そして、都道府県がなくなってしまうのであれば、都市の立場も変わってくる。これまでも政令指定都市や県庁所在市は都道府県と権限や財源、さらには公共施設の立地などで鋭く対立してきた。特に都道府県と大都市とが類似の施設を同じ市域につくるなどのいわゆる二重行政を指摘する向きも少なくない。都道府県という重しがなくなることで都市の政策に自由度が増すという期待がある反面、47あった県庁所在地が10前後となり、いわゆる州都争いが起こることも考えられる。

一方、町村や小規模な市などでは都道府県は頼りになる存在として映ることも少なくない。都道府県が道州になることで州都が現状の県庁よりも遠くなり、サポート体制が弱くなるのではという懸念も大きい。

†都道府県に振り回された都市

国と同じか、あるいはそれ以上に都市を振り回してきたのは都道府県ではないだろうか。都市の中でも人口規模の大きなところ、特に県庁所在市にとってみれば、広域的な観点から様々な行政サービスを提供する都道府県という存在は地域バランスを重視し過ぎて県都を無視する輩とも映りかねない。

もちろん、都道府県の立場からすれば、県庁所在市やその他の大きな市は自力で様々なことができるだけの財政力があるので、自分のことはどうぞ自分で、ということになるだろう。だからこそ、東京、横浜、名古屋、京都、大阪、神戸の6大市とこれらを抱える6大府県の対立は戦前から根深いものがあったのだ。

道州制の議論では、目の上のたんこぶのような都道府県が大括りになることで自分たちの自由度が高まると考える大都市の多くは、こぞって賛意を示していたのである。一方、大都市が好き勝手にしているとみがちな都道府県にとってみると、苦々しい思いだったのだろう。1947年に制定された地方自治法によって、特別市という都道府県から完全に独立した大都市を作る制度が誕生したが、これを活用したいと考える大都市とそうはさせじと反対する都道府県との対立が激しかったのは容易に想像できることだ。

1950年代は赤字となる都道府県がでるなど厳しい財政状況だった。税収を一番多く集める大都市が都道府県のエリアから独立してしまうとますます財政的に厳しくなることはだれの目にも明らかだった。結果的に1956年に特別市の制度は導入されないまま廃止となり、その代替措置のように現在の政令指定都市の制度が作られたのだった。都道府県と大都市の対立はその後も様々なところでみられたが、大都市の発展を阻害するようなことにはならなかった。

だが、橋下徹が大阪府の知事に就任し、大阪市と様々な面で対立する中で、二重行政の打破を旗印に大阪市を解体する大阪都構想を掲げてからは、大都市の存在を脅かす存在として都道府県がその発言権を増していったのである。

†だれが大阪市の解体を望むのか

道州制の議論が高まる中で浮上したのがいわゆる都構想だった。二重行政の弊害排除や、大阪、いや、関西の復権を唱え、多くの人の賛同を得たのは事実だった。また、大阪市の職員の不祥事が次々と明らかになる中で行政のあり方を大きく変えよう、グレートリセットだという大阪維新の会、そしてその後国政政党として躍進した日本維新の会の主張は、大阪のみならず多くの人の共感を呼んだ。もちろん、共感だけではなく多くの反発も同時に巻き起こり、大阪は都構想や道州制導入が最も熱く語られた地域となった。

紆余曲折《うよきょくせつ》を経て、2015年に大阪都構想の是非を問う特別区設置に関する住民投票が大阪市で実施された。結果は僅差で反対が賛成を上回る。最大の牽引車として大阪市長に転身していた橋下徹は任期満了をもって政界を引退した。その後も維新側は導入に向けて粘り強く議論を進めるが、この原稿を書いている時点では、2018年秋に住民投票が行われることは見送られ、一時ほどの熱狂は賛否双方にみられない。

そもそも都構想というのは、東京都のように都という広域自治体があって、その一部（大部分）に特別区という特別な自治体を置くというものだ。今でも大阪市には中央区や淀川区という区があるが、これは行政区と呼ばれるものでいわば大阪市の内部団体だ。大阪市の一部であって、区長も選挙で選ばれるわけではない。

これにたいして東京の特別区というのは通常の市よりも権限が少ないが、区長は選挙で選ばれる独立した団体なのだ。

仮に都構想が実現すると、大阪府は大阪都となり、今の大阪市が担っている役割の一部を吸い上げて都が担うこととなる。一方、大阪市については現状の議論を踏まえると4から6程度の特別区となり、それぞれが行政区とは異なり選挙で選ばれる区長のもとで行政運営が行われる。この結果、これまでは大阪府─大阪市─(行政区)だったのが、大阪都─特別区という構造になり、一見すると行政組織の簡素化が進んだようにも思われる。だが、行政区は市役所の内部組織で、支所や出張所の大きくなったものと理解すれば、実はあまり簡素化になっているわけではないということは理解できるだろう。

問題はその先にある。ここまでなら、リトル東京というか東京の二番煎じをやっているだけに過ぎないのだが、もともと維新の会の究極の目標は道州制である。しかも、道州─基礎自治体の完全な二層構造のものを考えているのだ。党の綱領などをみればこれは明らかだ。そうなると大阪都というのはどういう存在になるのだろうか。

道州制の議論の中で常に争点となることの一つが、東京都の扱いだ。税源が東京都に偏在する中で、究極の地方分権の姿として道州制を導入した場合、例えば神奈川県、埼玉県、千葉県を加えた1都3県で南関東州とすれば、そこに集まる税収の額は膨大なものとなり、今の地方交付税制度以上にドラスティックな財政調整を行わなければ地方は厳しい状況に追い込まれてしまう。また、関東州のようになれば、全人口の3分の1以上が一つの州に集まるということになってしまう。

東京都と一緒になれば財政的にはメリットが大きいが、それゆえに簡単に区域が決まるものではなく、むしろ、東京都を切り離すべきという論者も少なくない。東京都を単独の道州にするとか、憲法改正をしてアメリカのワシントンのように23区を特別な位置づけにして自治体から切り離すなど、様々なアイデアはあるものの、多くの人を納得させるものにはなっていない。

大阪都が実現した後に、東京都の議論と同じように大阪都を特別扱いするという考え方もあり得るが、少なくとも維新の会の主張が通れば、大阪都も他の都道府県同様に廃止され関西州となり、現在の大阪市のエリアには人口が40～50万人程度の特別区がいくつか残るという形になるだろう。そうすると神戸市や京都市は残るので、結局のところ、関西を代表する大都市だった大阪市が残らず、一番人口が多いのが神戸市、次いで京都市ということになる。

果たして、関西のシンボルとなる都市を消滅させることをどれだけの大阪市民が望んでいるのだろうか。それとも大阪都までは許せるが道州制にはノーということなのだろうか。そこまで理解したうえで過半数の大阪の人が都構想に賛成であるならばそれも一つの選択ということになるだろうが、どうもそのことがほとんど理解されず、ただ、改革という耳触りのいい言葉に流されて、どういう結果をもたらすのかよくわからないままに賛意を示している人が多かったのではないだろうか。

†ナンバー2から陥落した大阪

大阪市は市制施行以降、いつも東京市の次に人口の多い市だったが、関東大震災で一時的に東京市の人口が減少したことによって、1925年と1930年の国勢調査では日本一人口の多い市となっている。1932年に東京市が周辺部を大規模に編入し、それまでの15区が一気に35区となったことによって大阪市は再びナンバー2の定位置に戻ったのだった。戦後は1965年をピークに減少を始め、1980年にはついに横浜市に抜かれて3位に落ちている。その後、2000年を底に再び人口増に転じてはいる。

2位の定位置が保てなくなったのは他にもある。都道府県レベルのデータではあるが、以前は一人当たりの県民所得は1955年以降、長らく大阪府が東京都に続いて2位を保ち続けてきた。1984年に2位の座から転落して以降、それでも上位5位までには必ずランクインしていたが、2000年には7位に落ちてしまったのである。関西経済全体の地盤沈下や大阪を発祥の地として本店を大阪に置いていた大企業が次々と東京に本店を移すことなどもあって、大阪経済は低迷してきたのである。

その後も大阪府の県民所得の順位は低下傾向で、2015年は9位。これは北関東の栃木県（4位）、群馬県（8位）よりも低い。大阪府の経済面での再興を願う人々が藁にもすがる思いで都構想に期待するのも無理からぬことであるかもしれないが、自治体の形を変えれば経済が良くなるということは考えにくい。大事なことは、まず地域に必要な政策の着実な実行が最初で、その積み重ねの先に初めて行政組織のあり方についても、必要があれば検討するので十分ではないだろうか。

むしろ、ドイツなど諸外国の例をみれば、都市そのものが州となるほうが現実的だということもいえるだろう。実際、横浜市などはそのような主張を長年行っていて、実は大阪市も名古屋市も過去には同じ主張を繰り広げていた。戦後できた地方自治法に都市州に近い存在の特別市という制度が設けられていたのも、このような議論を踏まえてのものだった。

都市のあり方を考えるとき、常に議論の俎上《そじょう》に上ってくるのが広域自治体である都道府県だ。特に大都市の側からみると邪魔な存在としてとらえられ、他方、小規模な市町村にとっては頼りがいのあるなくてはならない存在であった。都道府県のことを無視して都市のことを論じてもあまり有益なものは出てこない。だからこそ、大阪市のあり方が問題視されると大阪府のあり方についてもセットのような形で議論せざるを得ないのだ。

†よみがえる道州制論議？

2000年代にそれなりに盛り上がった道州制論議が尻すぼみになっている一因は、全国町村会などの強い反対の声に押されて国政レベルで議論が足踏みしているということもある。そして、何よりも道州制を強く主張する経済界を支えている電力業界が、電力自由化や東日本大震災後の対応、特に原発を巡る問題で財界活動に力を注げなくなっていることが大きな要因となっているのではないだろうか。

道州制に関する論議は歴史を紐解けば明治から脈々と続けられてきたものではある。1945年に戦時下にできた地方総監府は全国を8つに分け、戦時行政を遂行するための組織だったが、我が国において唯一実現された道州制という評価もある。さらには2006年に道州制特区推進法が制定され、北海道を全国に先駆けた道州制のモデルとして特別な区域にしようとする道州制特区を定めている。

様々な動きがこれまであった中で、今後、道州制に向けた動きは進んでいくのだろうか。もちろん、道州制が実現すれば、ただちに人口増に転じるといったことは考えられない。一定の産業振興は期待されるが、自治体の形を変えればすぐに成果が上がるという期待は禁物である。このことは市町村合併でいやというほど思い知らされているからだ。

だが、2045年の人口推計にみられるように、地方ではもはや県ですら、その存在意義が問われるくらいに人口減少となるかもしれない。そうなると単独で行政を行えるのか、疑問の声が上がり、これを契機に一定程度道州制の議論が進むということは考えられる。その可能性が一番高いのは高知県や鳥取県である。人口減少が進むことで広域自治体としての役割を果たせなくなり、周辺の県と合併し、さらには中国、四国、あるいは中四国といった大括りの広域自治体に変えていくということも起こりうるかもしれない。

もともと、市町村合併だけでなく、都道府県の合併ということは地方自治法の中で手続きが定められている、想定内のものである。もしかすると、全国一律に、というのではなく、厳しい状況になった地域から順次という流れの中で道州制が実現するかもしれない。だが、その場合、財政調整や国からの権限委譲などで超えるべきハードルは高いものがある。東京ひとり勝ちがさらに進む中で、地方のいわば弱小連合としての道州制というのがどれだけ意義や効果があり、また、逆にどのような問題点があるのかについても早めに検討しておく価値はあるだろう。

4 首都機能移転は可能か

首都機能移転とは

首都機能の移転は1980年代に議論が本格化し、1990年には衆参両院で国会等の移転に関する決議が議決された。ここでは首都機能移転を検討するという基本方針が示され、1992年には国会等の移転に関する法律が成立し、1999年に移転先候補地として栃木・福島地域と岐阜・愛知地域が、また、移転先候補地となる可能性がある地域として三重・畿央地域が審議会によって選定されたが、現在では議論がほとんど止まったままとなっている。だが、この法律はまだ失効したわけではない。

東京オリンピックを花道に、東京から首都機能のかなりの部分を移転して、東京を災害に強い街に変えていく仕掛けが必要ではないだろうか。また、それが東京ひとり勝ちの反作用を弱めるものとして大きなインパクトはあるだろう。

世界の首都移転

首都機能の移転が論議される中で、当然のことながら他国の事例も参考にされた。特に注目を集めたのがオーストラリアとブラジル、そしてドイツのケースだ。

オーストラリアはイギリスから1901年に独立し、暫定的にメルボルンに国会が置かれたが、新しい首都を巡って、それぞれ州都であるシドニーとメルボルンが対立した。論争の結果、両都市の中間に新たな首都を建設することとなり、1927年にキャンベラが正式に首都として決定された。オーストラリアの場合、2つの大都市の綱引きの中で、その中間につくるというスタイルだった。

ブラジルの場合はもともとはオリンピックが開催されたリオデジャネイロが首都だった。ながらく首都だったリオデジャネイロは大西洋岸で、広大なブラジルの中では地理的に偏った位置にあることもあり、内陸部の地域振興を通じた国土全体の均衡ある発展を図ることを目的として、1960年に内陸のブラジリアに首都が移転されたのである。当初は人工的で人間味のない都市、あるいは世紀の失敗作という批判もあったが、年月を経て都市としての整備も進み人口も200万を超え、肯定的な評価も増えている。

ドイツの場合は、少し事情が異なる。もともと西ドイツの首都はボンだったが、経済分野ではフランクフルトや西ベルリンなどが中心だった。1990年に東西ドイツの統一を果たしたことから、ボンからベルリンへの行政機能の移転を1999年に行ったが、すべての省庁を移したのではなく、首相府と9省庁がベルリンで、6つの省庁はボンにとどまった。すべてを移転してしまうとボンが寂《さび》れてしまうという危惧もあったようである。

それぞれの国の事情は異なるものの、首都にすべての機能が集中してしまうことに対する不満は多くの国で持たれている。

†東京ひとり勝ちの中で首都機能の移転は可能なのか

これまで述べてきたように、人口はもとより、経済面でも東京のひとり勝ちは加速し、その中でも２０４５年には都心３区のひとり勝ちのような様相が想定されている。もちろん、東京に人だけでなく、モノ、金、情報などあらゆるものが集中するのはそれなりの理由があり、また、メリットが大きいからではある。４００年以上前には小さな町に過ぎなかった江戸が世界都市ＴＯＫＹＯとなったのは、徳川幕府、そして明治政府のまさに国策の賜物でもあった。それこそ、関ケ原の戦いで西軍が勝利していれば、もしかすると今の日本の首都は大阪だったかもしれない。

肥大化した東京には災害面など脆弱性も少なからずみられる。これはロンドン、パリ、ワシントンなどと比べても明らかだ。また、アメリカの場合、ワシントンは首都ではあるが経済的な中心都市ではない。日本以上に首都に人口が集中している韓国でも、近年首都機能の一部を郊外に移転する動きがみられる。

これまでさいたま新都心など一部の行政機能が東京の周辺に移され、また、文化庁が京都市に全面移転することが予定されているが、効果は限定的だ。経済官庁など経済機能の一部または大部分を移転しない限りは抜本的な解決にはならないだろう。

国は23区内の大学について収容定員の増加を認めない方針を決定した。これは2018年から10年間の措置とされ、その背景として、東京ひとり勝ちの要因の一つが大学の集中にあると考えられたからだ。大学進学者の収容力をみると、東京都は200％程度で他の道府県と比較して突出し、また、287万人いる大学生の41％に当たる117万人が東京圏に、しかも26％が東京都（75万人）に、かつ、18％が23区（53万人）に集中しているのだ。

2002年に工場等制限法が廃止されてからこれまで規制の強かった23区に回帰する大学が増え、その結果、学部や学生の数が増加した。また、大卒就職者の大学所在地の都道府県への残留率が一番高いのは東京都（76・2％）で、そのうち約3分の2は大学進学時に流入した者であることなどから対策が取られたのである。

この取組みについて批判も少なくないが、これさえ実行に移せないようでは、首都機能の一部移転すら絵に描いた餅ということになってしまうだろう。少なくとも東京育ちの若者に地方のありのままの姿を体感する機会はもっとつくるべきだろう。

そもそも、東京ひとり勝ち、そして地方衰退のシナリオは長い年月の中でつくられてきたのではないだろうかとも思える。特に明治以降の国策によって、一時期は特定の地方都市が栄え、そしてまた、国策に翻弄され衰退の道を進み、それとは逆に東京を中心とする大都市部に人や金が流入してきたのではないだろうか。

　これまで都市の現状と今後の展望、さらには都市に大きく影響する地方自治の動きを眺めてきたが、次に国策が地方都市をどのように翻弄してきたか、その栄枯盛衰の歴史を確認することで、今後の都市のあり方を再検討するための教訓を探してみよう。

第三章　国策と地方都市

1　江戸時代までの全国の人口推移——日本海側の存在感

†江戸時代以前に栄華を誇った都市

地方都市は、これまで国の様々な動きに大きな影響を受けてきた。国策によって、その浮沈が左右されてきたといっても過言ではない。小さな漁村が軍港都市として発展したり、アメリカのゴールドラッシュと同じように、山村が石炭を産出することによって栄華を極めることもあった。これは明治以前も同様だった。ここではまず、江戸時代までの全国の人口推移について都市ごとにみてみよう。

江戸時代より前にどれだけ人がいたのか、様々な推計はあるものの出典によって大きな違いがある。今のように国勢調査があるわけでもなく、戸籍などの制度も明治以降の話である。どうしても推計ごとに前提条件が異なることもあって、その結果にも幅が出てしまうのは仕方がないことだろう。

日本の総人口が1千万人を超えたのは早くて15世紀とされていて、推計の多くは16世紀、すなわち戦国時代に入ってようやく大台に乗ったとされている。都市に関していえば、人口を概算するための詳細な記録がほとんどなく、どこにどれだけの人が住んでいたのか、つまりどこの都市が栄えていたのかということについての情報がほとんどないということになる。当時は日本の大部分が村落で、都市といえるような、人が多く集まって住んでいたところはごくわずかであったというのが実態だろう。

†中世の都市はどうだったのか

そのような中で、戦中に出された原田伴彦『中世における都市の研究』（大日本雄辯会講談社、1942）はまさに貴重な資料といえるだろう。原田は日本史学者で、この本はわずか25歳にして書かれた力作である。なお、その当時、原田は国民新聞社（現在の東京新聞）の記者だった。

原田は、京都、奈良、鎌倉のような特殊な社会的経歴を持つ主要都市を除き、その性格に応じて中世都市269について、以下のように分類した。

・社寺関係都市（62）
・港津関係都市（46）
・宿駅関係都市（55）
・政治関係都市（83）
・市場関係都市（23）

一番多かったのが城下町などからなる政治関係都市で、次いで門前町などからなる社寺関係都市だった。当然のことながら室町時代は各地で守護が守護大名として群雄割拠する時でもあり、政治関係都市が多いのはうなずけるところだ。原田は古文書から町という記述があるものや明らかに都市集落を形成したと認められるものについて具体的な人口の検討を行っている。ここでは一戸5人という標準を基礎として仮定していて、示したのはあくまで最小限の都市人口であり、実際にはもっと多かったところもあっただろうとしている。例えば摂津国《せっつのくに》（大阪府北中部から兵庫県南東部）の天王寺《てんのうじ》について、文明年間に「天王寺八七千間（戸）在所」とされていることから、人口を約3万5000人としている。

†京都がナンバー1

最大の都市は京都で10万人、これは長きにわたって都として栄えていたことからも当然のことだろう。次いで天王寺（大阪市）と博多（福岡市）の3万5000人となっている。博多は古くから港町として日宋貿易、日明貿易で栄え、また、有力商人によって都市の自治が保たれていたとされている。3万人だったのが新潟の柏崎と春日山（上越市）、堺、山田（三重県伊勢市）だ。この頃から新潟県は多くの人口を抱えていたことがうかがえる。次いで安濃津《あのつ》（三重県津市）の2万5000人、鎌倉の2万3000人となっている。多くの都市の人口が15世紀から16世紀にかけての文献を元に推計されているが、鎌倉の場合は13世紀末のものとなっている。

以下、野津（大分県臼杵《うすき》市）が2万人、1万5000人には大津、坂本（ともに現在の滋賀県大津市）、桑名、瑞泉寺《ずいせんじ》（富山県南砺《なんと》市）、石寺（滋賀県近江《おうみ》八幡《はちまん》市）が並び、府中（静岡市）、山口、本願寺（大阪市）、岐阜、蓮沼（富山県小矢部《おやべ》市）が1万人となっている。このように1万人以上の都市は20あったとされている。

中世の都市の人口ランキングをみると、現代とはかなり異なっていることがわかるだろう。天王寺や瑞泉寺、本願寺などの社寺関係都市や、博多、柏崎、堺、安濃津などの港津関係都市が上位に並んでいる。これらの都市では参拝や海運などで人の往来が多く、この時代に発展していったのだろう。

また、最も北が柏崎、最も東が鎌倉で、関東や東北の都市はほとんど姿をみせていない。実際、取り上げられた269の都市のうち東北（奥羽地方）は8つしか含まれていない。これに関しては、文献など当時の状況を伝える史料に限りがあったことも大きな要因だろう。このほか、具体的な人口の言及がある41都市のうち、朝鮮半島と近く、交易も盛んだったことから、対馬の都市が小規模ながらも4つ入っていることが特筆される。

†江戸時代の都市はどのようなものだったのか

江戸時代の都市について、様々な文献を調べてみると興味深いことがみえてくる。一般的には江戸時代の前半には全国の人口は1000万人台だったとされている。それが一気に3000万人台にまで増加し、その後、後半期には度重なる飢饉や災害で人口はほとんど増えず停滞したとされている。

国全体の人口推計についても様々なものがあるように、都市の人口を推計した結果にも少なからず差がある。各種の文献などから研究者が推測した結果に過ぎないからだ。

ここでは様々なところで引用される、国土庁（現在の国土交通省）に設置された国土史研究会がまとめた「江戸時代の都市人口」をよりどころとする。これを参考としたのは、その手法が各種人口推計の手法を参照しつつ、より科学的な知見に基づいて算出されていると考えたからである。この研究報告は、１９８４年９月に刊行された『地域開発２４０号』に掲載されている。

そこでは、江戸、大阪、京都の３大都市と61の地方都市の人口を具体的に推計し、これまで通説とされていたことに対しても疑問を呈し、新鮮な視点から様々な考察を加えている。一般的に教科書などでは江戸時代に入ると江戸を中心として都市へ人口が流入し、農村人口の比率は一貫して低下したという記載がみられるが、研究報告では表３-１のように都市人口の比率は一貫して下がり続けていたと結論づけている。

実は都市化社会ではなかった江戸時代

前期（１６５０）から中期（１７５０）が多くの都市で人口増となったのとは対照的に、中期から後期（１８５０）は人口停滞の時代となった。享保、天明、天保の三大飢饉をはじめ、数多くの災害が起きた時代でもあった。そんな中で都市人口は減り、むしろ農村人口は中期の２７１２万人から２８８７万人へと増加基調は続いていた。

このように、農村人口は常に増加し続けたのだった。それは豊臣秀吉の時代から農民の小家族化が一般化し、婚姻率の増大と出生率の増大をもたらしたからだと示されている。江戸幕府が新田開発を積極的に奨励し、農業の生産技術が向上したことも農村人口の増加に寄与したのだった。また、農業こそが政治基盤でもあったため、農村の荒廃を防ぎ、都市の過密を避けるため、例えば１７９０年には寛政の帰農令が、そして１８４３年には天保の人返し令が出されるなど、江戸をはじめとする大都市の人口増は抑制され続けたのである。

しかも、都市人口は江戸後期にはすでに飽和状態にあったとも考えられる。当時の運輸手段はまだ小規模なものであり、地方から都市に運ばれる食糧の量にも限りがあった。江戸時代の初期には武士と商工民は幕府から半ば強制的に都市に住まわされていたため、前期から中期にかけては都市人口は増加したものの、おのずと限界はあったのだった。

また、江戸時代の都市は男女比がアンバランスだった

表３－１　全都市人口の推計

	1650年	1750年	1850年
全国人口	1,750万人	3,140万人	3,290万人
都市人口	298万人	428万人	403万人
都市人口比率	17.0%	13.6%	12.2%
農村人口	1,452万人	2,712万人	2,887万人
農村人口比率	83.0%	86.4%	87.8%

出典：地域開発240号53頁（日本地域開発センター、1984年）

とされている。男性が過剰なため、出生率が低くなってしまったことも人口減の一因だろう。また、あまりにも稠密《ちゅうみつ》な江戸の住宅事情も出生数の減少をもたらし、都市の人口は結果として自然減になってしまったと推測されている。この点は現代の東京にも通じることである。あまりに人口が密集してしまうと子育て環境は悪化し、少子化につながるということなのだ。

結局のところ、江戸時代の都市は徳川幕府の国策によって大きな影響を受けていたのである。実は江戸時代は生かさず殺さずといわれてはいても、「農民（村）ファースト」の一面も少なからずあったようだ。

†都市人口の動き

表3-2にあるように、江戸、京都、大阪の三大都市については、江戸中期には京都以外は大幅に人口増となったものの、後期にはどこも人口減に転じてしまった。1650年には三大都市の人口は合わせて108万人、江戸と京都の人口は同じだった。それが1750年には200万人とほぼ倍増し、江戸は100万都市にまで成長している。また、大阪は京都を抜いて2位となり、天下の台所として全国の物流の中心の地位を確立していったのである。しかしながら、1850年には三大都市全体でも177万人と大きく数を減

表3-2　江戸時代の都市の人口上位10（単位：万人）

順位	前期	人口	中期	人口	後期	人口
1	京都・江戸	43.0	江戸	122.0	江戸	115.0
2			大阪	41.0	大阪	33.0
3	大阪	22.0	京都	37.0	京都	29.0
4	金沢	11.4	金沢	12.8	金沢	11.8
5	名古屋	8.7	名古屋	10.6	名古屋	11.6
6	堺	6.9	仙台	6.0	仙台	4.8
7	仙台	5.7	鹿児島	5.8	伏見	4.6
8	福岡	5.3	堺	4.7	鹿児島	4.2
9	鹿児島	5.0	長崎	4.5	堺・熊本	4.1
10	福井	4.8	福井・福岡	4.3		

らしている。特に、京都に関しては江戸時代を通して人口減の傾向が続いたのだった。

地域別では、東日本では漸増し、西日本では人口減が著しいところがみられるということが特徴として挙げられる。四国、山陽、近畿のいわゆる瀬戸内地方に人口減少都市が集中していて、この地方の14都市のうち半分にあたる7都市が人口減少のパターンとされ、人口増のパターンは4都市に過ぎない。

これと対照的なのが北海道、東北、関東地方だ。対象とされた21都市のうち14都市が人口増のパターンに分類されている。その他、九州や東海では都市人口は停滞していたと推測されている。人口の変化に関していえば、江戸時代は東高西低だったのである。

†日本海側の都市の人口動向

江戸時代の都市の人口動向で注目すべきは日本海側の都市だろう。その中でも日本海側の雄はやはり加賀百万石の城下町、金沢だ。江戸時代を通して3大都市に次ぐ全国4番目の都市だった。明治期に旧制四高が設立されたのも偶然とはいえ興味深い事実だ。御三家のおひざ元の名古屋、和歌山、水戸や伊達《だて》藩の仙台を凌ぐほど、城下は賑わっていたのだろう。中期には12万8000人にまで増加している。金沢に次いで人口が多かったのが福井で、前期には4万8000人と全国でも10番目だった。幕末に松平春嶽や橋本左内らを輩出するなど人材の宝庫だったのは、人口の多さとも無関係ではないだろう。

金沢と福井以外の江戸後期に人口が増加している1万以上の12都市を挙げたのが表3-3だ。金沢、福井に次いで、松江、鳥取、富山、秋田、新潟、酒田と続く。このうち、新潟では200年間で約7倍、富山では約4倍と人口の増加率はとびぬけて高い。これらの都市の人口は江戸前期には合計すると12・6万人だったのが、後期には24・9万人とほぼ倍増している（図3-1）。江戸時代、都市人口がそれほど増えていない中でこれは驚異的だ。このほか、中四国地方では前期と中期は鳥取が、そして後期には松江が最大の都市だったのも特筆される。

表3-3　日本海側の都市の人口動向（単位：万人）

	1650年	1750年	1850年
秋田	1.8	2.2	2.7
能代	0.5	0.8	1.0
酒田	0.8	1.4	1.8
新発田	0.6	1.0	1.2
新潟	0.4	1.4	2.7
魚津	0.3	0.7	1.1
富山	0.8	1.7	3.3
新湊	0.4	0.8	1.4
高岡	1.2	1.1	1.4
武生	0.8	1.0	1.2
鳥取	3.2	3.5	3.5
松江	1.8	2.8	3.6
合計	**12.6**	**18.4**	**24.9**

図3-1　都市人口と日本海側都市人口の増加推移比

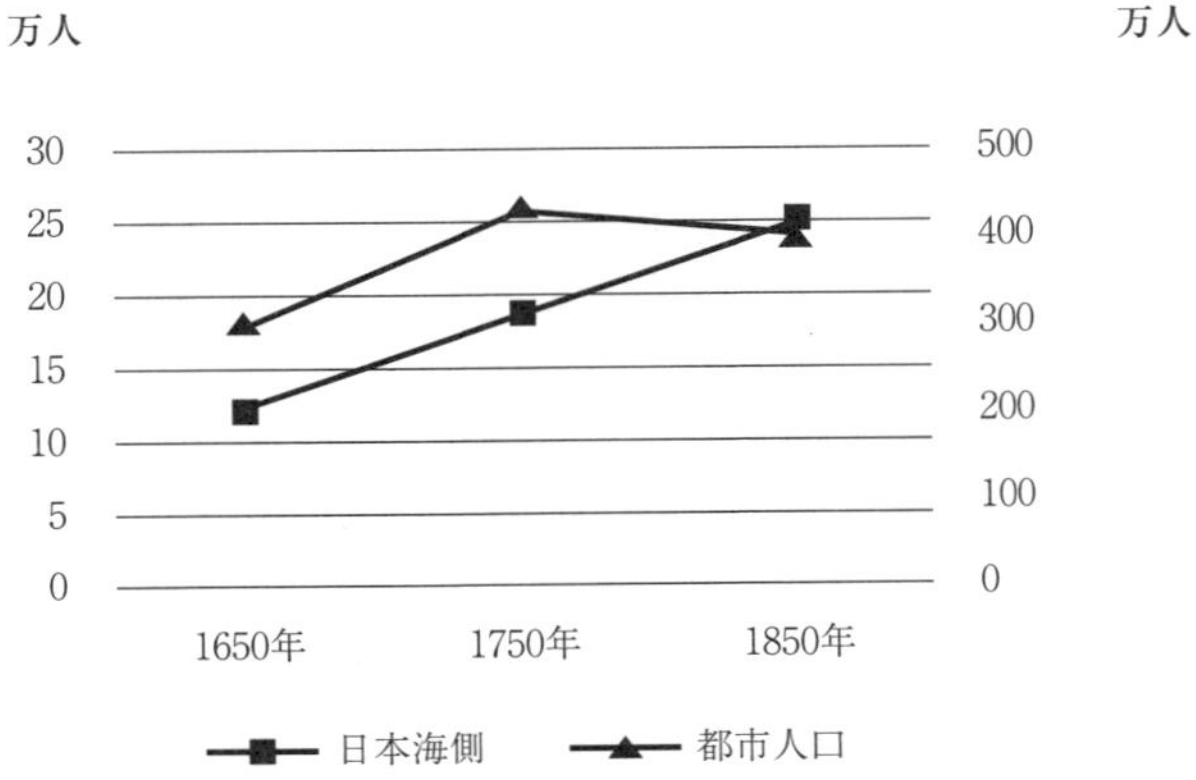

日本海側の都市の繁栄は北前船によるところが大きい。もともと北前船は、幕府が1672年に、河村瑞賢《ずいけん》に対して最上川流域にあった天領の米を、河口の酒田から江戸まで運ぶ航路の整備を命じたことがもととなっている。酒田から江戸までは、津軽海峡を通過して太平洋岸を航行した方が距離的には近いが、危険な海域が多いため、佐渡の小木《おぎ》、下関、大阪など10か所を正式寄港地と定め、その他の港に入港した際も無税とするよう沿岸の各藩に通知し、超長距離の西回り航路が整備されたのだった。これにならって津軽、秋田など日本海側の諸藩も大阪まで日本海回りで年貢米を運ぶようになったのだった。

これとともに、近江商人が松前から北海道の産物を敦賀まで海路を使い、そこから陸路で大阪に運んでいたルートが合わさって北前船の航路ができたのだった。北海道から東北、北陸、山陰、そして瀬戸内を経由して天下の台所の大阪に各地の産物が運ばれていった。北前船は単に北海道と大阪を結んだだけでなく、寄港地の間で様々な地域産物を売り買いする中で、食や民謡などの文化も伝えていったのだった。

いずれにしても、幕府の意向という国策によって、北前船による往来が盛んになり、日本海側が経済的に発展したのである。

2 富国強兵と殖産興業――日本海側から太平洋側へ

†新たな地方制度

大政奉還によって徳川幕府の時代は幕を下ろし、1868年、最初の地方行政制度として府藩県三治制が導入された。これは、徳川幕府の直轄地に置かれていた地方行政機関としての裁判所を廃止し、その中の城代・京都所司代・奉行の支配地を府、それ以外を県とし、府には知府事、県には知県事という知事の前身の職を置いた。一方、藩については従来通り大名が支配することにした。その後、1871年の廃藩置県によって藩がすべて廃止され、3府（東京・京都・大阪）302県に再編された。

また、1878年に郡区町村編制法が制定され、郡や町村の名称と区域は江戸時代のものを継承した上で官選の郡長を1人置いた。一方で市の前身ともいうべき区の制度が設けられた。東京・京都・大阪の3府と開港5港（横浜・神戸・長崎・新潟・函館）、それと人口密集地については郡から分けて区とし、官選の区長が置かれた。当初は38区だったが、その後伏見区だけ廃止され37区となった。ちなみに町と村には民選の戸長《こちょう》が置かれた。郡は802で、その中に町が1万2200、村が5万8979、すなわち37区7万1179町村となっていた。町村の平均人口は500人ほどで、今の集落単位ほどの大きさだった。

1886年1月1日現在の37区の中で最も人口が多かったのは、東京でも大阪でもなく、京都府の下京区で13万6993人だった。区に関しては人口3万以下のものもいくつかあって、最も人口が少ないのは札幌区で1万668人だった。一方、人口に関しては区よりもむしろ郡のほうが多く10万を超えるものも全国各地に点在していた。その中で最も人口が多かったのは新潟県の中頸城《なかくびき》郡で、19万6875人だった。中頸城郡は現在の上越市の大部分と妙高市、柏崎市の一部で、高田城下の街並みがいかに立派だったかがうかがえる。また、この頃は新潟県が全国の府県で最も人口が多かった。明治期は現在よりもはるかに人口が地方に分散していたことがよくわかるだろう。

†市の誕生

郡区町村編制法に代わって1888年に制定されたのが市制町村制である。翌年から市制が順次施行され、1889年には15区を包含する東京市、4区を包含する大阪市、2区を包含する京都市の3大市を含めて39市が誕生した。いわば市制一期生である。

このうち、現在の県庁所在都市以外は、弘前《ひろさき》市、米沢市、高岡市、堺市、姫路市、赤間《あかまが》関市《せき》（現在の下関市）、久留米市となっている。翌年以降も順次市制が施行されていったが、北海道と沖縄については異なる制度が導入され、市の名称はしばらく用いられなかった。その後、県庁所在都市では高松市、前橋市、宇都宮市、長野市、奈良市、大津市、青森市、福島市、大分市が市制施行したが、それ以外は大正以降に持ち越された。千葉市、那覇市、札幌市、宮崎市が順次市となったが、山口市は1929年、浦和市《うらわ》（現在のさいたま市）に至っては1934年と、昭和の時代になってようやく市の体裁を整えたのであった。

1890年末の市町村の人口をみると、最多は東京市だった（表3-4）。2位は大阪市、3位が京都市、4位が名古屋市、5位が神戸市、6位が横浜市でこれらの人口10万以上の6市が、その後6大市として府県と税源や権限に関する主導権争いで対立することになる。今では市の中では断トツで一番人口が多い横浜市も、この時点では6位に甘んじていた。

縮む、日本海側の存在感

江戸時代の都市の動向の中でも触れたが、その勢いがまだ残っていたのか、明治初期の時点で最も特徴的だったのは、日本海側の都市が大きな存在感を示していた、ということだ。今でこそ裏日本という言葉に象徴されるように、どちらかというと日陰者の存在にみられがちであるが、当時はむしろ太平洋側以上に重要な位置づけで、江戸時代の北前船によって、日本海側の都市は貿易によって栄えていたのだ。

１８９０年末、横浜市に次ぐ7番目には金沢市が入っていた。江戸時代の４番から徐々に順位は下がっていったとはいえ、加賀百万石のお膝元は明治になっても多くの人で賑わっていたのである。また11番目の富山市は加賀藩の支藩だった富山藩の城下町だった。いかに前田家が全域で栄華を極めていたかが読み取れるだろう。18位に新潟市、22位に福井

表３－４　1890年末の都市人口と順位および2015年の順位

都市名	人	順位	2015年順位
東京市	1,155,290	1	（東京23区）1
大阪市	473,541	2	3
京都市	289,588	3	9
名古屋市	170,433	4	4
神戸市	136,968	5	7
横浜市	127,987	6	2
金沢市	94,666	7	35
⋮	⋮	⋮	⋮
富山市	58,585	11	43
⋮	⋮	⋮	⋮
新潟市	47,019	18	16
⋮	⋮	⋮	⋮
福井市	40,159	22	86
⋮	⋮	⋮	⋮
松江市	34,563	24	109
⋮	⋮	⋮	⋮
弘前市	30,316	34	131
高岡市	29,554	35	138
⋮	⋮	⋮	⋮
秋田市	29,175	37	69
山形市	29,081	38	91
米沢市	28,944	39	307
鳥取市	28,525	40	119

市、24位に松江市、このほか弘前市、高岡市、秋田市、山形市、米沢市、鳥取市と、40位以内に11市が入っている。

ちなみに2015年時点で日本海側の都市で人口上位40に入るのは、新潟市（16位）と金沢市（35位）だけだ。このほかでは富山市、秋田市、福井市、山形市が100位までには入るが、松江市、鳥取市、弘前市、高岡市が100番台で、米沢市に至っては307位と大きく順位を下げてしまっている。米沢市は江戸時代の初期には東北で仙台に次ぐ第二の都市だっただけに、この落ち込みは深刻だ。

順位を上げたのは唯一新潟市だが、これも数度の市町村合併で市域を大幅に拡大したからである。約130年の時を超えていかに日本海側の都市が地盤沈下したか、このデータだけからでも明らかだろう。

†東京への出稼ぎと北海道移住が日本海側衰退の要因

富国強兵・殖産興業の掛け声のもと、主として太平洋側の大都市で産業振興が図られ、不足しがちな若年労働力を補充するために、日本海側の人材、特に農家の次男や三男などが都市部に流れていったことが、これらの都市が相対的に地盤沈下した大きな要因であるのはいうまでもない。

都道府県単位のデータとなってしまうが、例えば大正末期の1925年における日本全国の出稼ぎ労働者の数は約78万5000人、このうちの約2割に相当する15万5000人が新潟県からで、次が島根県の約4万人だった。

もう一つの大きな要因が北海道開拓だった。明治初期には幕府側についた東北の士族が中心だったが、その後は東北、北陸の農民が数多く海を渡ったのである。1886年から1922年までの37年間に最も移住したのは青森県民、次いで新潟県民で、ともに約5万戸といわれている。このほか、秋田県、富山県、石川県でも4万戸以上が北海道に移住したのだった。

この出稼ぎと北海道移住の大きな引き金となったのは時の大蔵卿、薩摩出身の松方正義《まさよし》によるデフレ政策だった。西南戦争の戦費調達のため大規模なインフレとなり、これを解決するためにデフレ政策を実施し、その結果、繭《まゆ》や米などの農産物価格の大幅な下落を招いたのだった。結果として多くの農民は貧困に陥り、農地を売却し、都市に流入して労働者となるか、新天地の北海道、あるいは海外に移住するかという選択を迫られたのだ。それも多くの場合、幕府側についたところの農民が主だったのは単なる偶然だったのだろうか。

西南戦争は鹿児島県に深い傷跡を残したが、それは鹿児島に留まらず、全国の農村にまで波及し、大都市への人口集中を加速させてしまった。ここでも国の動きに地方が翻弄させられていたのだった。

もし、戊辰戦争で幕府側が勝利していれば、北海道開拓の主力は東北、北陸ではなく、薩摩、長州など西南の雄藩からの移住となっていたのかもしれないのである。

†明治後半の移り変わり

明治も半ばを過ぎると東京や大阪など、太平洋側の大都市への人口集中が進んでいった。1893年に東京府が新潟県を抜いて1位になると、1903年には兵庫県が2位に、さらに1908年には大阪府が兵庫県を抜いて2位というように、太平洋ベルト地帯へと人の流れが加速した。また愛知県が東京府、大阪府、兵庫県に次いで4位となり、日本海側から太平洋側への人の流れは恒常化していったのだった。もちろん、日本海側の都市も人口は増加したが、その中の相当数が労働力として都会に提供されていったため、太平洋側に比べると増加率は低かった。また、東京市は1908年には200万人を突破し、他のどの府県よりも人口が多くなっている（表3-5）。大阪市の人口も100万台となり、府県でいえば16番目の大きさにまで成長していった。

この時代は、四日市市、門司市、小倉市（ともに現在の北九州市）、佐世保《させぼ》市、呉市、横須賀市、浜松市と、工業、その中でも特に軍事産業で栄えた町が相次いで市制に移行した頃でもあった。

1893年にたった6つしかなかった10万以上の都市も、1908年には長崎市、広島市、金沢市、そして呉市を加え10となった。総人口に占める10万人以上の都市の人口割合も、1893年には6%ほどだったものが、1908年には10%を突破した。また、5万人以上の都市も18から29へと増加していった。

表3-5　戦前の東京市の人口推移

年	人
1890	1,155,290
1898	1,440,121
1903	1,818,655
1908	2,186,079
1913	2,050,126
1920	2,173,201
1925	1,995,567
1930	2,070,913
1935	5,875,667
1940	6,778,804

注：1935年以降は35区時代の人口である

明治の大合併以降も町村合併は徐々に進展し、市だけでなく町村の規模も拡大した。1893年に人口1万から2万人の町村数は144だったが、1908年には268と倍近くまで増加したのである。

†大正時代の都市の栄枯盛衰

大正時代に入ると、時はまさに大正デモクラシー、地方自治の分野でも新たな取組みが導入される一方で、第一次世界大戦、米騒動、そして関東大震災と、激動の時代でもあった。1908年から5年後の1913年、大阪市は順調に人口増となったにもかかわらず、東京市は5年前に比べて13万人以上人口を減らしている。この5年間で人口の増加数が大阪市に次いで多かったのは名古屋市、37万8231人から45万2043人と7万人以上増加し、横浜市や神戸市を抜いて4番目になっている。

1920年の第1回国勢調査の結果によれば、人口が一番多かったのは東京市、次いで大阪市、3位に神戸市で、京都市を抜いて初めてのベスト3入りだ（表3-6）。4位は京都市で、5位は名古屋市、6位は横浜市と、6大市は順位を入れ替えつつもその地位は安泰だった。6位の横浜市と7位の長崎市とでは人口規模が2倍以上の開きがあったからだ。

表3-6　1920年の都市人口上位10

順位	市名	人
1	東京市	2,173,201
2	大阪市	1,252,983
3	神戸市	608,644
4	京都市	591,323
5	名古屋市	429,997
6	横浜市	422,938
7	長崎市	176,534
8	広島市	160,510
9	函館区（市）	144,749
10	呉市	130,362

6大市の後は、長崎市、広島市、函館区、呉市と港町が続く。造船や軍事の面で重要な都市に人口が集まってきたのだった。11位以降は金沢市、仙台市、小樽区、鹿児島市、札幌区、そして市制施行間もない八幡《やはた》市《し》（現在の北九州市）が人口10万以上とな

っていた。

この時点では、市、町、村に関する明確な人口要件がなかったこともあって、町にもかかわらず、市を大幅にしのぐところも出てきた。例えば東京府渋谷町は8万799人、市と比べても24番目の人口の多さだ。その後は東京市に編入されていくが、この時点で東京府内に人口3万以上の町が14、東京への人口の集中はさらに激しくなっていた。

3　鉱業都市の天国と地獄

†国策に翻弄される都市

明治以降、日本の産業を支えていったのは石炭などの鉱山だ。もちろん、江戸時代以前から各地で金や銀も数多く産出され、それ以前に栄えた佐渡金山の相川（現在の佐渡市）や石見《いわみ》銀山の大森（現在の大田市）などもある。

しかしながら、鉱山資源の枯渇やエネルギー革命などによって、これら鉱業都市のほとんどは衰退の一途を遂げ、一時の繁栄の面影すらみることが困難となっている。

エネルギー政策や貨幣に関することは外交や防衛と並んで、基本的に国が責任を持って行うべき政策分野だ。

その意味で鉱業都市というのは国策にもてはやされ、そしてまた、翻弄されてしまった典型ともいえる存在だ。ここでは炭鉱で栄えた都市を中心に、その栄枯盛衰についてみることとする。

金山銀山の栄枯盛衰――佐渡島

佐渡金山は16世紀末から17世紀初頭に開発された国内最大級の金山で、江戸時代前期には世界最大級の採掘量を誇ったとも記されている。

17世紀前半の最盛期には年間金400kg、銀40トン以上を産出し、日本最大の金銀山となった。初代奉行の大久保長安によって相川の街の都市計画が行われ、相川には最盛期、4万から5万の人が住んでいたと多くの史料に記されている。実際にはそこまで多くはなかったのではとも指摘されているが、明治期に入り、1886年、旧佐渡国の雑太《さわ》郡、加《か》茂《も》郡、羽茂《はもち》郡合わせての人口が10万6815人もいたことを考えると、史料の記載もさほど過大だったのではないとの見方もできるだろう。

ちなみに1893年における旧相川町の人口はすでに1万5591人だった。佐渡島全体の人口は1950年に12万5597人で最多となるが、その後、人口減少は進み、平成元年には金山の操業も休止となってしまった。400年余りの間の総産出量は金78トン、銀2300トンとされている。10市町村が合併して佐渡市一つとなったが、2015年の人口は5万7255人とピーク時の半分にも満たない。高齢化率は40%を超え、基幹産業の観光もピーク時の半分以下の入込客数だ。

同時期にやはり世界有数の銀山として名を馳せたのが2007年に世界遺産登録された石見銀山だ。17世紀初頭に書かれた「銀山旧記」では、人口20万人、家屋数約2万6000軒を数えていたと記されているが、これはかなり大げさな数字だろう。当時の石高などから、3万から4万人くらいが生活していたとの推計もある。

その後、銀山は衰退し1943年には閉山している。現在、石見銀山がある島根県大田《おおだ》市大森町には人口わずか400人余りが生活しているに過ぎない。全盛期の100分の1ほどまでに町が縮小されてしまったのだが、世界遺産を回れば往時の盛況ぶりはそれとなく感じられるだろう。

†夕張市の天国と地獄

目を石炭に転じると、最も栄枯盛衰の荒波にもまれた都市は北海道夕張市と断言しても

図3-2　夕張市の人口推移

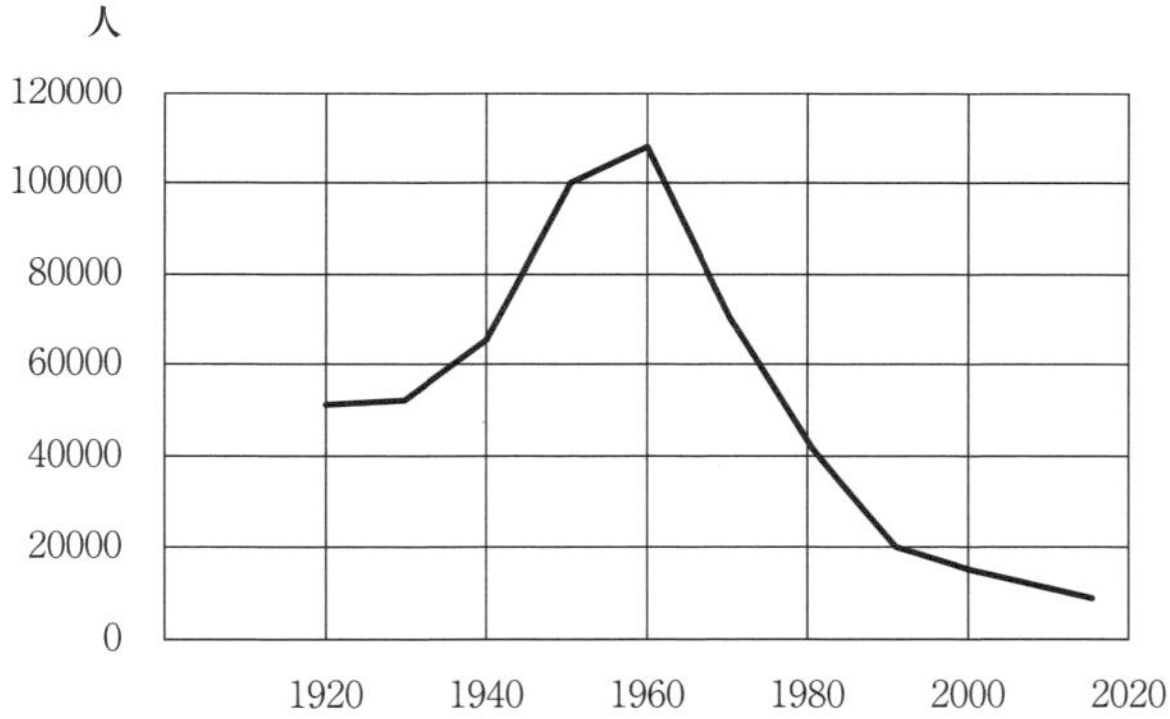

間違いないだろう（図3-2）。

夕張市は明治初期から炭鉱の町として栄え、1920年には5万1064人と名だたる市を差し置いて全国45位にランクインしていた。その後、1943年には市制施行となり、1960年には10万7972人とピークに達した。人口がピークを迎えるとともに夕張市の繁栄も絶頂期を迎えたのだった。当時は北海道の中でも娯楽が最も早く楽しめるところで、明治期から数えると、劇場・映画館の数は40館以上もあり、最盛期には17館もあったとされる。

ところが24あった炭鉱は、エネルギー革命が進行し、海外からの石炭との競争や相次ぐ炭鉱事故、国の石炭政策そのものの転換もあって、1962年以降小規模な炭鉱の閉山が続いた。1973年に大夕張鉱業所が閉鎖されてからは、大規模な炭鉱の閉山が相次いだことが人口減に拍車をかけた。

炭鉱頼りでは地域経済は立ち行かなくなると考えた夕張市は、観光業に活路を見出そうと、1983年に第3セクターの石炭の歴史村をオープンさせた。その予算総額は市の一般会計の半分に相当する55億円という豪華なものだった。全国各地に建設されたテーマパークの先駆けともいうべき存在で、当時の夕張市はその手腕が高く評価され、先進地視察の定番ともなっていた。だが、その頃からいわゆるヤミ起債と呼ばれる借金隠しが横行し、さらには松下グループの企業だった松下興産が経営していたマウントレースイスキー場を買い取るなどして赤字はさらに膨らんでいった。2007年、約353億円の負債を抱えて夕張市はついに財政再建団体（正式には準用財政再建団体）に転落したのだった。

これによって、行政サービスの水準は全国最低レベルにまで引き下げられ、職員も大幅に削減された。必要最小限の事業以外はすべて中止となり、市立病院も公設民営化した挙句に診療所に格下げされてしまった。公共料金は軒並み大幅アップとなり、市民へのツケは小さくなかった。不採算の観光事業は撤退することとなり、石炭の歴史村の遊園地は廃止され、観覧車やジェットコースターなどのスクラップは中国に売却されてしまった。

夕張市の中で地域再生に向けた動きも出つつあるが、2015年の国勢調査では人口8843人とついに1万人を割り込み、市町村の人口順位で1718団体中1252位と下の方になってしまっている。時代によって市町村数は異なるものの、1920年に1万2243団体中45位と上位1%内で、その中でも上のほうだったものが100年近い時を経て、下から数えた方が早いところに下がってしまったというのはまさに空前絶後のことだろう。1961年に誕生した夕張メロンは夕張市のイメージアップに貢献する一大ブランドに成長はしたものの、生産農家は120戸ほどで、地域経済への波及は必ずしも大きなものではない。

天国から地獄へ、とはいい過ぎかもしれないが、市の最盛期を知る古老の中にはそのような思いが去来する者も少なくないだろう。では、夕張市という一自治体にすべての責任があるのだろうか。確かに不適切な経理を続けて自転車操業の財政運営を行うなど、行政の側に大きな責任があるのは紛れもない事実だ。一方、国もエネルギー政策の転換を主導的に行ってきた以上一定程度の責任がある。これに対しては産炭地域に様々な財政支援を行っていたことも事実ではあるが、それが有効だったのか、改めて検証する必要もあるだろう。

では、北海道はどうだろうか。夕張市の不適切な財政運営に関して、地方債の許可権限は道にあったわけである。そもそも市町村財政の指導も都道府県の役割の一つだ。夕張市の会計操作を長年見抜けなかったという責任は決して小さなものではない。

他方で鉱山会社やリゾート会社破綻のつけの大部分を夕張市が肩代わりしてしまったが、これは本当にやるべきことであっただろうか。民間として果たすべき役割を放棄してしまったところにも大きな問題があるのではないだろうか。さらに、多くの市民がスキー場の存続を強く市に訴えたが、結果的にはこれも市民生活にブーメランのように多額の財政負担として巡ってきてしまった。市民も単純な被害者ということにはならないだろう。

結局のところ、夕張市だけでなく、国、北海道、民間企業、そして市民と官民問わず様々なところに責任があったにもかかわらず、夕張市がそのほとんどを背負わされた結果、財政再建団体となってしまったのである。

もともと、夕張市のスキー場は、大和鉱業という鉱山会社が設置したが、ここが1968年に閉山してからは夕張市の第三セクターが運営し、1988年に松下興産が買い取ったものの2002年に市が再度買い取った。その後、2007年に北海道でリゾート事業を手広く行っている加森観光が指定管理者として運営を担っていた。だが、これも長くは続かず、結局2017年に夕張市はすべての施設を中国資本の元大リアルエステートに安価な価格で売却を行ったのだった。このように、スキー場は、民間→市→民間→市→民間と運営主体を何度も変え、最終的には日本の民間から中国の民間の手にわたってしまったのである。

三笠市と歌志内市――生き残りをかけて

三笠市と歌志内市も炭鉱の街として栄えたものの、人口減の厳しい状況が続いている。三笠市の前身の三笠山村は1920年には人口2万を超えて全国順位は170位、歌志内市の前身の歌志内村は三笠山村よりも多く全国134位だった（表3-7）。

三笠市は1957年に市制施行し、人口6万人を超えたこともあったが人口減少に転じ、2015年は1万の大台をきって9076人となっている。歌志内市も1948年に人口は4万6000人を超えた。1958年には市制施行したものの相次ぐ閉山によって人口減が止まらず、1981年には1万人の大台を割り、2015年に3585人にまで減少してしまった。人口減少率は三笠市が11・2%、歌志内市が18・3%と、ともに全国平均を大幅に上回っている。

両市はともに大幅な人口減となっているが、詳細にみていくと異なる点も少なからずある。三笠市の場合、平均年齢は2010年と2015年の差はわずか0・74歳、全国平均の半分程度の上昇に収まっている（表3-

表3-7　三笠市と歌志内市の人口推移

年	三笠市	歌志内市
1920	20,914	24,745
1940	38,579	33,254
1960	56,196	38,002
1980	23,319	10,178
2000	13,561	5,941
2015	9,076	3,585

8)。一方、歌志内市の平均年齢は、2010年と2015年の差2・93歳と4倍ほどで、全国平均の2倍強だ。高齢化率も三笠市は2010年には歌志内市よりも高かったが、2015年には歌志内市のほうが高くなっている。果たしてこの違いはどこからくるのだろうか。

この点については、表3-8に示した年齢階層の差引《さしひき》によって一定の説明が可能となる。ここでいう差引とは、左上の2010年時点の人口と、一つ右下の2015年の人口との増減を示したものである。例えば2010年時点の〔5—9歳〕の階層は、5年後(2015年時点)には5歳年齢があがって〔10—14歳〕に対応するから、その人数差である(差引の一番上〔0—4歳〕については、単純に2015年の人数から2010年の人数を引いた値)。

若干の自然減はあっても基本的には、若年層の場合、転入転出の社会増減が大きな要因となる。そこで、若年層の差引を比較してみると、両市の異なる実態が明らかになった。

歌志内市の5歳から9歳は、2015年には70人。2010年の0歳から4歳は88人だったから18人減少している。いっぽう三笠市は、わずかではあるが増加している(2015年234人マイナス2010年232人で2人増加)。

2015年の10歳から14歳の層では、三笠市では14人増加しているのに対し、歌志内市

表3－8　三笠市と歌志内市の違い

都市名	三笠市			歌志内市		
年	2010	2015	差引	2010	2015	差引
人口（人）	10,221	9,076	－1,145	4,387	3,585	－802
高齢化率	42.3%	46.1%	3.8%	41.2%	46.6%	5.4%
平均年齢	56.05歳	56.79歳	0.74歳	55.66歳	58.59歳	2.93歳
0～ 4歳	232	199	－33	88	43	－45
5～ 9歳	247	234	**2**	124	70	－18
10～14歳	294	261	**14**	125	104	－20
15～19歳	337	349	**55**	137	93	－32
20～24歳	268	230	－107	94	91	－46
25～29歳	285	293	**25**	166	61	－33
30～34歳	379	289	**4**	179	129	－37
35～39歳	505	392	**13**	204	151	－28

注：差引とは、対応する階層の人数の差である。2010年から2015年では5歳年をとるので、0－4歳だった人たちは5－9歳に対応する。差引によって、対応する世代の人口がどのくらい増減したか単純化できる。例えば歌志内市の2015年の5－9歳（70人）は2010年の0－4歳（88人）に対応するので、差引はマイナス18人。同様に、歌志内市の10－14歳は差引マイナス20人。なお、0－4歳はどちらも単純に2015年と2010年の差である。太字は差引がプラスのもの。

は20人も減少している。また、15歳から19歳の層は、三笠市は55人も大幅に増加しているのに対して、歌志内市は32人の大幅減だった。

つまり若年層が、歌志内市ではどの年齢階層も減少しているのに対して、三笠市ではすべて増加しているのだ。2010年の20歳から24歳の層については両市とも減少しているが、25歳から29歳以降でまた顕著な違いが出てくる。

2010年から2015年にかけて、三笠市では、25歳から29歳の層が25人増、30歳から34歳の層が4人増、35歳から39歳の層が13人増と、どの階層も増加となっているのだ。一方、歌志内市ではどの階層も減少している。

結局のところ、2010年における0歳から14歳までと20歳から34歳までの階層について、5年後、三笠市では増加したが、歌志内市ではすべての年齢層で減少していた。このことが平均年齢の伸びの違いの大きな要因となっているのだ。

†起死回生なるか、三笠市の秘策

三笠市と歌志内市とでは、なぜこのような違いが生じているのだろうか。両市とも炭鉱の街として栄えたものの、国のエネルギー政策の転換によって閉山が相次ぎ、街の活気が消え、人口減に長らく苦しめられている。三笠市であっても全体としては人口増とはなっていないが、三笠市における近年の若年層の人口増はどこからきているのだろう。

ともに移住定住政策を実施しているが、両市のホームページをみてみると、その内容も含めて違いがみえてくる。まず、三笠市ではホームページでも分かりやすく三笠市の魅力や総合的な移住定住促進策を情報発信していることが明らかだ。三笠市のほうが早くから取り組んでいるようで、結果として宝島社が発行する月刊誌『田舎暮らしの本』の住みたい田舎ベストランキングで、北海道総合ランキング2位（２０１７）、3位（２０１８）と高い評価を得ている。

一方、歌志内市でも定住促進のための住宅取得奨励金の額では三笠市を凌ぐ助成を予定しているが、政策の厚みでは三笠市に一日の長があり、また、札幌などへの鉄道や道路によるアクセスの良さもあって、子育て世代の三笠市移住が一定程度進んでいるのだろう。

２０１０年と２０１５年における同年代の人口差を単純に比較しても、両市の移住定住政策の成果の違いが見て取れる。

0歳から4歳の階層では、歌志内市が88人から43人と半減しているのに対して、三笠市では２３２人から１９９人と約15％の減少に留まっている。５歳から９歳の階層では、歌志内市が１２４人から70人と４割以上減っているのに対して、三笠市では２４７人から２３４人と5％の減少程度になっている。

特に注目すべきは15歳から19歳の階層だろう。歌志内市では１３７人から93人と大幅減に対して、三笠市では３３７人から３４９人と12人増加なのである。この年齢層の多くは高校生である。今どき高校生が過疎地域で増加するというのは考えにくいが、それを可能にしたのが三笠市の英断だった。

三笠市内の高校は、1945年に開校した道立の北海道三笠高等学校が唯一だった。ピーク時は普通科など10クラスあったが、入学者数の減少によってクラス数も減り、2010年に募集停止となった。これに危機感を持った三笠市は市立への移管を決定し、2012年から食物調理科からなる市立高校として再出発している。道立高校の時とは異なり三笠市から全面的なバックアップを受けた取組みを進めているのだ。1学年40人で寮を完備し、市外からの入学生が多いこともあって、15歳から19歳の人口が増加に転じたのである。

高校生レストランで注目を集めた三重県立相可《おうか》高等学校やその地元の多気町《たきちょう》の支援も得て、魅力ある高校づくりを展開中だ。2017年度までは、高校近くの食堂の定休日を利用して三笠高校生食堂「まごころきっちん」を運営していたが、2018年7月には専用の実習施設、三笠高校生レストラン、ミカサ・クッキング・エソールがオープンした。

全国の料理コンテストで優秀な成績を収め、大学、専門学校、レストランなど進学・就職でも着実に実績を重ねているが、現時点では地元就職がほとんどないことが課題とされている。確かに市から多額の税金を投入しているにもかかわらず人材の地元定着が進んでいないことに対しては批判もあるだろう。だが、中長期的な視点で支援を継続することが今の三笠市に必要なことではないだろうか。

三笠市の取組みが一過性のものに終わるのか、あるいは功を奏していくのか、今後の動きに注目したいが、自治体消滅を避けるために多くの自治体で、同様の取組みが今後も進められることは間違いない。

†踏みとどまっている鉱業都市――飯塚市

炭鉱で栄えた都市は北海道だけではない。九州、それも特に福岡県に多かった。北海道の鉱業都市ほどドラスティックではないにしろ、人口減と地域経済の低迷が大きな課題となっている。その中で、なんとか踏みとどまっているのが福岡県飯塚市だ。

福岡の炭鉱が集中していた地域は筑豊《ちくほう》地方と呼ばれている。1901年に八幡製鉄所《やわたせいてつじょ》が操業開始してから需要も増大し、長らく日本一の石炭産出量を誇っていた。その中で最大の都市が飯塚市だ。1920年、飯塚町の時代には人口2万8876人、全国順位は11位だった。その後おおむね人口増となり、合併したこともあって、1965年には8万2033人になったが、エネルギー革命によって炭鉱の閉山が相次ぎ、いったんは人口減となった。だが、飯塚市の場合、夕張市とは異なり、観光ではなく、産業振興という観点で生き残り策を講じた結果、一定の成果はもたらされたのだった。

飯塚市は、工業団地を整備し企業誘致に努めるとともに、1966年に近畿大学九州工学部（現在は産業理工学部）と近畿大学九州短期大学、1986年には国立の九州工業大学の情報工学部の誘致に成功するなど、若年層を中心に人口増に転じたのだった。このほか、研究機関も複数誘致し、情報産業都市というコンセプトでまちづくりが進められた。2006年に合併して人口は13万人を超えたが、2015年には12万9146人となり、再び減少傾向にはある。

2006年の合併で飯塚市に編入された町村の中に、もう一方の筑豊の雄だったところがある。それが穂波町《ほなみまち》だ。1920年の旧穂波村時代は人口が3万7235人と飯塚町よりも多く、順位は81位だった。その後は人口で飯塚市に抜かれてしまい、何度となく合併が持ち上がったが、飯塚市が編入を求めたのに対して穂波町は対等合併を主張し、8度にわたって合併話は破談となった。平成の大合併の中で、ようやく9度目の正直で合併となったのである。

飯塚市と夕張市のもう一つの大きな違いは出身政治家ではないだろうか。飯塚市は中選挙区の時代から小選挙区にかけて、総理大臣も歴任した麻生太郎が1979年以降、1回を除いて連続して選出されている。一方、夕張市の場合は保守、革新が毎回厳しい選挙戦を繰り広げてきたところでもある。選出代議士というパイプを通じて上手に国を動かすしたたかさも地方都市には必要なのかもしれない。

†銅山からリサイクルの町へ――秋田県小坂町

秋田県の小坂町《こさかまち》もやはり鉱業都市だった。小坂鉱山は当初、金や銀が産出され、1901年には銀の産出量日本一となった。その後は銅や亜鉛が中心となり、明治時代に繁栄のピークを迎えた。

1905年に建てられた小坂鉱山事務所はルネッサンス様式の外観で、1910年に建てられた芝居小屋の康楽館《こうらくかん》とともに国の重要指定文化財となっている。特に康楽館は、香川県琴平町《ことひらちょう》の金丸座《かなまるざ》、兵庫県豊岡市の永楽館《えいらくかん》とともに日本最古級の劇場として知られている。労働者を集めるために住宅や病院、鉄道といった社会的なインフラだけでなく、劇場のような娯楽施設を作ることは不可欠だったのだ。

小坂町のホームページによれば、明治末期には人口2万数千人で、県内で秋田市に次ぐ人口を誇っていたとされる。実際、大正の中頃である1918年でも2万217人の人口を抱えていたが、人口流出が止まらず、2015年には5339人にまで減少している。

厳しい環境にあるのは他の鉱業都市同様ではあるが、小坂町の場合、過去の栄光を上手に生かすことで地域の生き残りを目指している。明治期の近代建築や十和田湖の観光資源はもちろんのこと、小坂鉱山の技術を活かしたリサイクル関連産業によって、廃棄された家電製品や携帯電話などから、レアメタルなど枯渇の危機にある物質を抽出する技術が開発され、事業展開が進められている。

また、町にはかつて、旅客だけでなく鉱石や硫酸などを輸送する小坂鉄道が通っていたが、廃止された後、施設を活用した小坂鉄道レールパークが2014年にオープンしている。パークでは旧駅舎が保存され、レールバイクなどの施設のほか、全国的にも珍しいディーゼル機関車の構内での体験運転も行われていて、多くの鉄道ファンから注目を集めている。

†炭鉱島から世界遺産の島へ――軍艦島、端島炭鉱

おそらく鉱業都市の栄枯盛衰について皮膚感覚で分かりやすく体験できるのが、長崎市の沖に浮かぶ通称軍艦島のツアーだ。ここは長崎県の旧高島町で、現在では長崎市に編入されている。

軍艦島といわれた端島《はしま》の地を購入した三菱財閥によって島の周りが埋め立てられ、6・3haの広さとなり、端島炭鉱で石炭の採掘が行われていた。今から100年以上前の1916年には日本で最初の鉄筋コンクリート造りの集合住宅が建設され、その後も高層アパートがいくつもつくられるなど、東京ドーム1・3個分の狭い島内に近代的な街並み造成

された。外からの外観はまさに軍艦そのものであった。

軍艦島の人口が最も多かったのは1960年、池田勇人内閣が所得倍増計画を打ち出した時代でもあった。この狭い空間に5267人もの住民が生活し、当時の東京都の人口密度の9倍以上もあったのだ。

軍艦島は、もともとは高浜村だったが、そこから分離して1955年に高島炭鉱のある高島町と合併した。この時の人口は1万6904人、面積1・24㎢という日本一狭く、そして日本一人口密度の高い町が誕生したのだった。

しかしながら、高島町の栄華もそう長くは続かなかった。1974年に端島炭鉱は閉山となり、軍艦島は無人島となってしまった。1986年には高島炭鉱も閉山となり、高島町の人口は減少の一途をたどる。そして、高島町は2005年に長崎市に編入され、その歴史を閉じたのだった。

1955年以降の高島町およびその区域の人口の推移は図3-3のとおりである。1970年から1975年にかけて人口が半分以下に減ったのは端島炭鉱の閉山によるものであり、1985年から1990年にかけて人口がほぼ五分の一になったのは高島炭鉱の閉山によるものである。夕張市は1960年から2010年までの半世紀で人口が十分の一まで減ったが、高島町の場合は四十分の一にまで激減してしまったのである。炭鉱の町と

図3-3　高島町（区域）人口推移

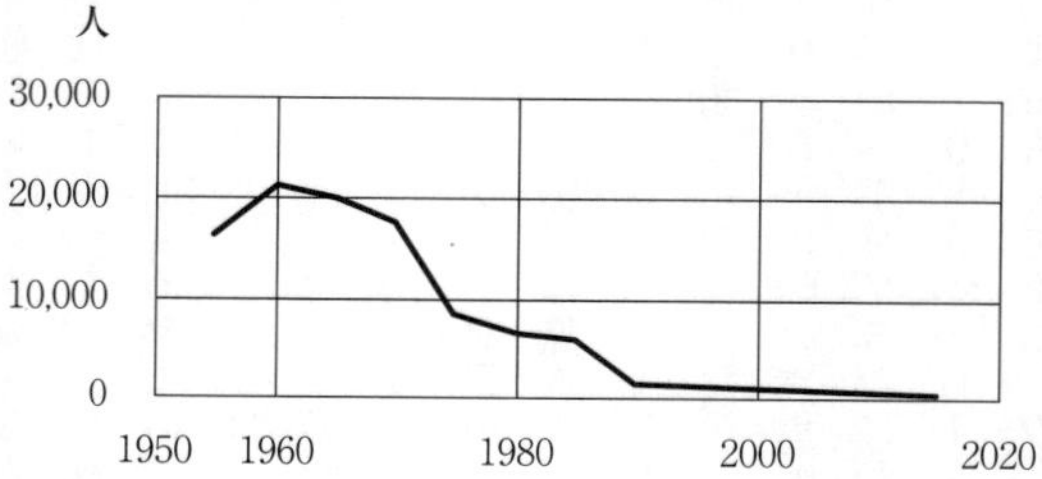

しての高島は消滅したものの、産業遺産と海洋資源を生かした観光の町として復権をかけた活動が続いている。

鉱業都市の命運を分けたもの——企業誘致と観光振興

　これまで、鉱業都市の栄枯盛衰について、いくつかの自治体の例を取り上げてきた。どこも繁栄期には、東京や大阪に負けないくらいの勢いがあったのは事実だ。経済的な繁栄だけでなく、エンターテイメントの世界でも最先端のものが楽しめたのだった。

　だが、国策の転換などによって衰退の道を歩み始めた。石炭や金銀銅などの採掘から異なる産業へ転換を図ることが不可避なのは、どの都市でも認識されていたはずだ。炭鉱という職場がなくなることで人は食い扶持を失ってしまう。それに代わる仕事がなければ、新たな職を求めて都市の外に出るしか生き残る道はないからだ。

　人口流出に歯止めをかけるために、まずは積極的に企業誘致を行った。だが、鉱業都市以外でも高度経済成長期に企業を誘致する動きは全国各地でみられ、熾烈《しれつ》な競争となってしまった。炭鉱を抱えていた都市で企業が比較的多く立地したのは、国の新産業都市の指定を受け、東京から近かった福島県いわき市くらいだろう。あるいは、飯塚市のような大学や研究機関の誘致についても、多くの都市で試みられているが、成功しているケースはそう多くはない。

いわき市の場合、企業誘致だけでなく観光振興でもかつての鉱業都市の中では優等生のほうだろう。最も有名な観光施設といえば、50年以上前にオープンした常磐ハワイアンセンター、現在のスパリゾートハワイアンズだ。もともとは炭鉱労働者やその家族に新たな雇用を創出するためにつくられたもので、当時としては斬新なアイデアのリゾート施設は多くの観光客に親しまれてきた。何度も経営危機を乗り越え、その都度創意工夫を凝らした事業を展開することによって運営を続けてきたのだ。

観光に活路を見出そうとした鉱業都市は少なくない。その中の代表例であり、また、残念ながら最大の失敗例が北海道夕張市だ。観光で地域を活性化させようとすること自体は何も間違っていない。だが、総花的な取組みでは成果を生むことは難しい。

夕張市の観光施設はスキー場であれ、遊園地であれ、各種の箱ものであれ、どれも中途半端なものばかりだった。その多くは別に夕張市でなくてもいいような、地域に根差しているとはいい難いものだった。その典型が世界のはくせい館でありロボット大科学館だった。

もちろん、いわき市のハワイアンズも「福島県になぜハワイ?」という唐突な感じがないわけではないが、あれだけ徹底したハワイらしさを醸し出したことで多くの観光客を集め続けている。

どうせやるなら中途半端ではなく徹底的に、というのが教訓なのだ。

夕張市の場合、身の丈に合わないようなプロジェクトを進め、しかも外からの甘い提案に乗っかってしまったことも失敗の一因だろう。例えば、ローラーリュージュという遊具を著名人らの提案をきっかけに導入したが、6億円ほどかけた挙句に不人気で取り壊しとなってしまった。

その一方で、島根県の石見銀山や長崎県の軍艦島のように、往時の姿を残したがゆえに外部からの集客につなげているところもみられる。産業遺産というのはイギリスなどでも観光資源として数多く活用されている。地域のこれまでに正面から向き合い、良かったことも悪かったことも素直に受け止めて、それらを後世に伝えていくということが地道ではあるが、持続可能な地域振興につながるということなのだろう。

国策に振り回されてきた鉱業都市は様々な形で模索を続けてきた。地域の身の丈にあった取組みでなんとか凌いでいるところもあれば、夕張市を筆頭に北海道の鉱業都市の多くは衰退に歯止めがかからない。

夕張市のようにリゾート開発に活路を見出そうとした芦別市も、テーマパークのカナディアンパークの今の姿はみるも無残だ。地域にあまり関係のないもので突破口を見出すというのは、いわき市のようによほど思い切った覚悟で取り組まない限り長続きはしないのだろう。

観光だけで産業が成り立つ都市は多くはない。秋田県小坂町のように、観光とともに鉱山の技術を生かした次世代の産業づくりに取り組むことも重要だ。その意味では次世代の人づくりにかけた北海道三笠市の取組みももっと注目してもいいだろう。

そして、国策に振り回されたのであれば、今度は国をしたたかに利用するということももっと考えるべきかもしれない。いわき市や飯塚市は政治力なども使って様々な制度を活用することで地域振興につなげている。やられたらやりかえすくらいの気概がなければ地方都市に勝ち目はないだろう。

4　北海道誕生は国策の賜物

†19世紀末、函館の賑わい

北海道というのはその歴史的な経緯などから長らく他の府県とは異なる位置づけだった。最初に北海道という名前が付けられたのは1869年、律令制における東海道など5畿7道に倣《なら》って呼ばれるようになった。

北海道開拓使という役所が置かれ、1882年にいったんは函館県、札幌県、根室《ねむろ》県に分割されたが、1886年に北海道庁が置かれ、この体制が1947年まで続いたのだった。そしてそのトップは知事ではなく北海道庁長官と称されていた。明治の後半は北海道の開拓が進んだ時代でもあった。人口に関しては明治初期、一番少なかったものの、開拓によって東北、北陸を中心に全国各地から人が流入していった。

今でこそ、北海道の中心といえばだれもが札幌市と答えるだろう。人口も200万に迫り、人口減少を続ける北海道の中で多くの人を惹きつけ、いまだに人口は増加している。

だが、明治から大正にかけては必ずしもそうではなかった。

まだ北海道庁だった1886年、北海道内で人口が一番多かったのは、札幌でも旭川《あさひかわ》でもなく当時の函館区で、人口は4万730人だった。さすがに開港5港の一角を占めていただけのことはある。次いで多かったのが桧山《ひやま》郡と後志《しりべし》郡が合算した地域で3万2827人、次が亀田郡と上磯《かみいそ》郡を合算した3万125人だった。

北海道の開拓は函館など南部から始まったため、人口分布は当然のことながら南に偏っていた。その次が小樽郡、高島郡、忍路《おしょろ》郡、余市《よいち》郡を合算したもので2万7363人だった。当時はいくつかの郡を一つの郡事務所が所管するケースが多く、ここでは事務所ごとのデータを用いたためこのようになっている。現在の旭川をも包含していたと思《おぼ》しき札幌郡・夕張郡・空知《そらち》郡・樺戸《かばと》郡・雨竜《うりゅう》郡・上川郡を合算した地域でも1万6857人しかいなかった。札幌区に至っては1万668人しかいなかったのである。

1893年には函館区が全国11位となり、28位には小樽区が入っている（表3-9）。札幌区は49位。このほか、江差町《えさしちょう》が1万4780人で104位、112位の根室が1万4117人になっていた。そして現在の松前町にあたる福山が1万1660人で156位に入っていた。この時点では、旭川も釧路《くしろ》もやはり1万人未満のランク外だったのだ。

表３－９　**北海道の都市の人口と全国順位の推移**

年	函館市	順位	小樽市	順位	札幌市	順位
1893	63,619	11	34,259	28	27,694	49
1903	85,313	11	79,361	13	55,304	23
1913	99,795	12	92,864	16	96,924	14
1920	144,749	9	108,113	13	102,580	15
1940	203,862	17	164,282	29	206,103	15
1960	243,012	31	198,511	45	523,839	9
1980	320,154	50	180,728	103	1,401,757	6
2000	287,637	73	150,687	142	1,822,368	5
2015	265,979	85	121,924	210	1,952,356	5

注：順位は23区を１団体としてカウント

†小樽の栄枯盛衰

１９０３年になると、小樽区が函館区に次いで全国13位にまで上昇した。わずか10年で人口が倍以上となったのである。１８８０年には道内初となる鉄道が小樽の海岸沿いの手《て》宮《みや》と札幌間で開通した。これは国内でも３番目の早さだった。小樽港は道内各地への開拓民の上陸や物資陸揚げの港として北海道の物流拠点となり、また小樽の街には昭和初期にかけて金融機関や船舶会社、商社などが数多く進出して、北海道経済の中心都市として発展した。まさに大正期の興隆はこのような背景のもとに起こったのだった。

１８９３年には日本銀行が小樽に札幌出張所の所属として派出所を置いた。これが４年後には出張所に昇格し、１９０６年には小樽支店となった。しかもこの時、札幌出張所は閉鎖されてしまったのである。まさに当時は札幌ではなく小樽が北海道経済の要とみなされていたのだ。１９１２年には東京駅を設計した辰野金吾《たつのきんご》とその弟子の設計によってモダンなルネサンス様式の建物が完成した。日本銀行の中では本店、大阪支店に次ぐ高額の建設費をかけたことからも、いかに小樽支店が重要と認識されていたかがわかるだろう。小樽はまさに北のウォール街だったのである。

最盛期には主要銀行の19もの支店が軒を連ねていた。小樽の人口が飛躍的に増大したのはまさに歴史の必然だったのだ。１９０８年には、一瞬ではあったが小樽区（14位）は函館区（15位）を抜いてついに北海道ナンバー1の都市になった。明治期の小樽は北海道の輝ける象徴だった。

小樽市の人口は増加を続け、１９６０年にはあとわずかで20万の大台というところまできたが、その後は人口減少に転じてしまった。石炭の積出港としての地位はすでに苫小牧《とまこまい》港や室蘭《むろらん》港が中心となっていたことによって、取扱量も減少していたが、そもそも石炭自体がエネルギー革命によって産出量が大幅に減ってしまったことも小樽市の衰退に拍車をかけてしまった。苫小牧港が太平洋側に面しているという立地条件もあり、北海道の中心的な港湾基地となったことで、日本海側の小樽港の地位は大幅に低下したのだった。

さらに、札幌市が急速に発展する中で、金融など経済面でもその機能が吸い取られ、支店も減少していった。その結果、2002年には出張所時代から100年以上の歴史をもつ日本銀行小樽支店もついに閉店したのだった。要は物流では苫小牧市や室蘭市に、経済面では札幌市に負けてしまったのである。日本銀行の支店だった建物も現在は金融資料館として小樽の歴史を語り継いでいるに過ぎない。

小樽市は人口減少によって、道内では札幌市、旭川市、函館市はもとより、苫小牧市、釧路市、帯広《おびひろ》市よりも人口が少ない7番目の都市になってしまったのである。そして2015年には、カーリングで盛り上がる北見市にも抜かれてしまいそうな状況になっている。

小樽市は栄光と挫折の日々を送ってきたのであるが、現在では運河など往時の繁栄を思い起こさせる歴史的な建造物を活用したまちづくりで、多くの観光客で賑わうまちに生まれ変わっている。

†函館の栄枯盛衰

函館市は、江戸時代から松前藩の奉行所が置かれ、幕末には開港5港の一つとなるなど活気のある街だった。1869年に榎本武揚《たけあき》ら旧幕府軍が降伏して戊辰戦争は終結し、明治政府は本格的な国づくりに着手することとなる。

当時の函館区は道内一の人口を誇り、先にも触れたように1893年にはすでに全国で11番目に人口が多かったのだ。1920年になると函館区は全国9位、ついにベスト10入りをした。函館をベスト10に入る大都市にした原動力はやはり、北洋漁業の興隆だろう。1905年にポーツマス条約が締結され、日本が北緯50度以南の樺太を獲得し、ロシア帝国が日本海、オホーツク海、ベーリング海の漁業権を許与すると、昭和の戦前期にかけて北洋漁業の基地として函館は大いに賑わったのだった。

なお1920年、小樽区が13位、札幌区も15位、旭川区が6万1319人で37位、室蘭区が5万6082人で41位、夕張町が5万1064人で45位だった。2015年時点で、人口の全国上位50位以内に入るのは北海道では札幌市だけだ。それが約100年前には6つの市と町がランクインしていたのとはまさに隔世の感がある。なお、釧路区も3万9392人で68位に入っていた。

大正も終わりに近づく1922年になると函館もようやく市となり、人口9位の座は堅持していた。一方、敗戦によって北洋漁業の多くの漁場を失ったことによって、函館市をはじめとする漁業が基幹産業の都市は厳しい状況に追い込まれていった。

1970年には旭川市に人口で抜かれ、北海道第3の都市となったのである。函館市は隣の亀田市と合併したことによって1975年には30万人を突破していたものの、北洋漁業だけでなく造船業の衰退もあって人口減少が続き、2015年には27万人を切ってしまった。

翌年の2016年には北海道に新幹線が開業し、観光客も数多く函館を訪れたが、開業2年目には乗客数は約21％減少し、乗車率も26％にとどまっている。平均すれば4席中1席しか埋まっていないことになる。2030年度には札幌まで延伸する予定となっているが、その時はどのような状況になっているのだろうか。今度は小樽市で観光客が大幅に増加するのだろうか。だが、新幹線効果は一時的になりがちだということも忘れてはいけない。

函館市は小樽市同様、今では明治から大正、昭和にかけて築き上げてきた街並みと歴史的遺産によって何とか観光産業で地域経済が支えられているのである。

実は函館市にも日本銀行の支店がある。現存する支店としては大阪支店の次に古い歴史を持つもので、1895年から1904年までの間は北海道支店として北海道全体を統轄していた。もしかすると小樽支店の次は函館支店の閉鎖ということも現実問題として生じるかもしれないのだ。これは1952年に開設された釧路支店にも同様の懸念はあてはまるだろう。そして、函館市、小樽市、釧路市は人口減によって過疎地域に指定されているのである。

このように、北海道の都市は時代の波に翻弄され、100年前にはだれも想定していなかったような状況となっている。

†北海道経済の光と影

北海道全体の経済をみても、時代の波に翻弄されてきたことがうかがえる。

例えば、一人当たりの県民所得については1955年から公表されている。1955年は朝鮮戦争の特需の直後で、まだ、石炭産業にも勢いがあった時代である。この年、北海道の一人当たりの県民所得は全国7位。6位の神奈川県とはわずか1000円の差で、広島県や静岡県よりも上位だった。当然のことながら全国平均よりも多かったが、1960年以降は全国平均を下回り、順位も徐々に下げていった。いったん70年代後半には順位を上げたものの再び下降気味となり、90年代後半からは30番台が定位置という低空飛行を続けている。石炭だけでなく、造船や製鉄、さらには農業分野でも様々な競争に晒《さら》され、相対的に順位が下がっているのだ。

北海道は敗戦直後には、東京都を抜いて全国で最も人口が多かった。これは疎開などの影響が大きかったが、その後も1955年までは大阪府を凌ぐ全国第2位の人口を誇っていた。一人当たり県民所得もまさに上位だった時期だ。その後は大阪府、愛知県、神奈川県が上回り、その後も埼玉県、千葉県、兵庫県に抜かれて8位となっている。

このほか、人口当たりの生活保護世帯数でも大阪府の次に高くなっているなど、経済的に厳しい状況にある。

江戸時代の北前船、ニシン漁、そして開拓と多くの人とモノが行き来をする中で北海道は発展していった。そして炭鉱と北洋漁業が栄える中で、北海道経済は絶頂期を迎えたが、それはあまりにも短かかった。国策の転換などによって景気は冷え込み、札幌市だけがひとり勝ちで、それ以外の都市は基本的に負け組となってしまったのである。

5 軍事都市の戦前戦後

†戦時体制を支えた軍港都市——横須賀市、呉市、佐世保市、舞鶴市

炭鉱などを抱えた鉱業都市や北海道の開拓都市同様、あるいはそれ以上に国策に翻弄されたのが軍事都市だ。明治維新以降、富国強兵の掛け声のもと、欧米列強に対抗するために軍事力が増強され、日清戦争、日露戦争、第一次世界大戦、そして満州事変から第二次

世界大戦までの約50年間、日本は繰り返し戦争を遂行してきた。そのことの評価は別にして、第二次世界大戦の敗戦で日本は占領され、戦争を放棄したことによって、軍事産業に支えられてきた都市の姿は大きく変貌していった。まさに、「好むと好まざるとにかかわらず」という言葉通りの状況が1945年以降、軍事都市を襲ったのである。

横須賀市、呉市、佐世保市、舞鶴《まいづる》市といえば、軍港として戦前の日本を支えた都市だ。様々な議論もあるだろうが、日本の発展になくてはならない重要な都市だったことは明らかだ。

横須賀の浦賀に黒船が来航し、江戸末期から造船所が作られ、1884年に日本最初の海軍の拠点となる鎮守府が置かれた。そして、呉、佐世保、舞鶴にも順次鎮守府が開催されていったのだった。このうち呉では戦艦大和、長門など多くの軍艦が建造された。これらの都市は海軍の重要な拠点だったのである。

1890年に横須賀町が1万8194人で75番目の都市だったが、呉と佐世保、舞鶴はこの時期まだ1万人にも満たなかった。呉と佐世保に鎮守府が置かれたのは1889年、舞鶴に至っては1901年だったこともあって、まだ都市の規模は小さかったのである。

1903年になると状況は一変する。舞鶴以外の3都市に鎮守府ができて10年余りが経過し、日露戦争直前ということもあるのだろうが、佐世保市が6万8344人で一気に16

位に躍進した。同じく呉市が6万6006人で17位となっている。さらに5年後の1908年には呉市が10万都市の仲間入りを果たし10位とベスト10にランクインしたのだった。佐世保市も13位、横須賀市も18番目となっている。

大正時代に入って、1918年には呉市は10位のままだったが、佐世保市は12位、横須賀市は21位だった。今から110年前にはこれら3つの軍港都市が上位20位内に入っていたのであった。明治期後半から大正にかけて軍港都市は大幅に人口増となっていった。度重なる戦争の中で、日本の海軍力が増強されていった時代にこれらの都市は成長していったのである。

昭和の時代となり、戦争の風向きが強くなっていく中でこれらの都市はさらに人口が増えていった。軍艦の製造のために多くの働き手を必要としていたからである。一方、それぞれの都市の人口順位のピークは異なる。横須賀市は1947年に26万1805人で9位、その後も人口増は続き、1990年に43万3358人となったが、順位は30番台に下がっている（表3-10）。以降、人口減に転じ2015年には40万6586人で46位、横須賀市でも地域の高齢化が問題視されるようになった。横須賀市の場合、戦後、米軍が駐留し続けるとともに、自動車などの工場が多数立地したことで、それでも長らく人口増になっていたのだった。

表3-10　軍事都市の人口順位の推移

年	横須賀市	佐世保市	呉市	舞鶴市
1920	20	21	10	526
1930	27	21	11	505
1935	17	20	**9**	478
1940	21	**16**	12	190
1945	10	22	20	**59**
1947	**9**	24	22	62
1960	24	28	39	115
1980	27	74	83	198
2000	38	89	105	242
2015	46	90	102	316

注1：太字は最高順位
注2：順位は23区を1団体としてカウント

一方、呉市は1935年に23万1333人となり、9位にまで順位を上げた。戦争直後には大幅に人口を減らし、その後は再び人口増とはなったものの、1975年をピークに人口減は減少した。平成の市町村合併で市域は倍以上となったものの人口減の傾向は変わらず、2015年には22万8522人で順位を102番にまで下げている。呉市の場合、横須賀市ほどは企業誘致も進まず、第3セクターのテーマパーク、呉ポートピアランドの破綻など観光振興でも苦戦を強いられている。

佐世保市は1940年に人口が20万5989人に達し、16位となっている。その後、いったん人口減を経て、戦後は人口増となった。だが、1960年をピークに呉同様人口減となり、平成の市町村合併を経ても減少傾向は続いた。2015年には25万5439人、90位となっている。

舞鶴市の歴史は他の3市以上に複雑である。1901年に全国で4番目に鎮守府が置かれると、初代司令長官に東郷平八郎が就任した。その後順調に人口を増やしていくが、1923年のワシントン海軍軍縮条約締結に伴い、舞鶴鎮守府は海軍要港部に格下げされ、同時に海軍工廠《こうしょう》も工作部に縮小され、人口減少の憂き目をみた。その後、1936年に工廠が復活し、1939年には鎮守府も復活したため再び活気が戻った。

行政区画については軍港の地域が1938年に東舞鶴市となり、西側の城下町が舞鶴市となったが、軍の施設が西側にも増えていったため、海軍が軍都の一体管理のためには両市が合併するのが最善であると強く要請し、1943年に新しい舞鶴市が誕生した。当時の人口は15万4953人で、1940年の国勢調査の結果に置き換えると31位に相当する多さだ。この時期、多くの軍人が舞鶴市に暮らしていたのだ。だが、1945年の終戦から2か月あまり経って行われた国勢調査では、8万407人と大きく減少して59位になっている。戦後は緩やかな人口増減を繰り返して、1985年をピークに人口減となり、2015年には8万3990人で順位も316位にまで下がっている。

東の軍港地域と西の城下町とは地域の成り立ちが異なることもあって、様々な対立がみられた。戦後には西地区で舞鶴市を分離する住民投票が可決されたが、京都府議会によって否決されてしまった。このしこりは現在にまで様々な形で残っているようである。

これら4市は旧軍港都市ということもあって、戦後、平和産業港湾都市に転換するために、日本国憲法95条に基づく特別法として、旧軍港4市の都市計画に関する法律（旧軍港市転換法）が1950年に制定されている。軍事産業からの転換と新たな都市づくりが進められたのである。

横須賀市は東京に近く企業立地も進んだという好条件があったが、それでも人口減となっている。呉市、佐世保市、舞鶴市の状況はさらに厳しい。軍港都市としての条件には恵まれていても、物流拠点としての港湾都市に転換することは容易ではなかったのである。結局のところ、大都市という後背地を抱える港湾のほうが、物流コストを抑える上からも優位性が高かったのだ。平和産業港湾都市というお題目は理想的ではあったものの、しょせん、東京・横浜、大阪・神戸、そして名古屋という港湾ビッグ3にはかなわなかったのである。

†軍都の発展、悲劇、目覚しい復興――広島市

広島市は江戸時代、広島藩浅野家の城下町として繁栄し、1890年にはすでに人口が

表3-11　広島市と長崎市の人口推移（単位：人）

年	広島市	長崎市
1890	91,000	58,142
1903	121,196	153,293
1920	60,510	176,534
1935	310,118	211,702
1950	285,714	241,805
1965	504,245	405,479
1980	899,399	447,091
1995	1,108,888	438,635
2015	1,194,034	429,508

９万１０００人、全国8位の都市だった（表3-11）。広島市は中四国随一の都市として中心的な役割を担ってきたのだった。

広島市には陸軍の第五師団が置かれ、日清戦争が起きた１８９４年には戦争遂行のために大本営が設置された。あまり知られていないことではあるが、これは一時的とはいえ、日本の首都が広島に移ったということを意味する。まさに広島遷都であった。

１８９４年6月5日、大本営は日清戦争の直前に東京の参謀本部内に設置され、8月1日に皇居内に移った。そもそも大本営とは、日本軍（陸海軍）の最高統帥機関である。当時、広島駅が東京を起点とする鉄道網の西端であったこと、また広島港が大型船も運航できる大きな港であったことなどから、前線に向かう兵站《へいたん》基地となった広島市に移ることが決定された。9月13日に大本営が宮中から広島市に移転し、2日後の15日には戦争指揮のために明治天皇が広島市に移ったのだった。明治天皇は日清講和条約（下関条約）調印後の１８９５年5月30日までの間、広島市で指揮を執った後、東京に還幸《かんこう》した。

大本営はその後も戦後処理のために広島に留まり、1896年4月1日に詔勅《しょうちょく》によって解散するまで広島市に残ったのだった。さらに、1894年10月に召集された第7回臨時帝国議会は広島臨時仮議事堂で開会された。司法は除くものの、国の立法・行政・軍事のそれぞれの最高機関が一時的とはいえ広島市に集まったことは広島市が臨時の首都の機能を担ったということである。まさに明治以降、唯一の遷都と称してもいいのだろう。

このような出来事を経て、広島市は軍都として発展を続け、1925年以降は長崎市を抜いて日本第7の都市として繁栄していた。

1945年8月6日、広島市を悲劇が襲った。原爆投下によって市街地は壊滅的な被害を受け、その後も原爆による後遺症で多くの市民が苦しんだのであった。1949年には軍港都市同様、日本国憲法95条の規定による住民投票を経て、広島市に関する特別法が制定された。それが広島平和記念都市建設法である。同法は広島市を復興させるために様々な優遇措置を設け、都市建設を進めることが目的とされていた。

戦後、広島市は中四国地方の中枢都市として発展を遂げ、また市町村合併を13度も行い、市域も広がっていった。1980年には10番目の政令指定都市となり、1985年には人口が100万人を突破した。2015年には119万4034人に増加し、全国11番目となっている。

軍港都市と比べるともともと大きな規模の都市で地域の中心だったこともあり、順調に復興を遂げ100万都市に成長していったのだ。広島市の躍進は自動車メーカーのマツダの存在も大きい。もともとは軍需工場でもあった東洋工業が戦後は自動車製造に転換し、今のマツダになったのである。販売シェアは決して高くはないが欧米などで人気も高く、存在感のある会社だ。

†かつては九州一だった長崎市

長崎市は江戸時代、外国との唯一の窓口として独特の文化が育まれていた。また、開港5港の一つとして発展し、1886年、長崎区の人口は4万7790人、福岡区の4万6480人、熊本区の3万9901人を凌ぎ九州第一の都市だった。1890年には人口も5万8142人と全国12位、大正時代までは九州最大の都市だったのである（表3-11）。

長崎市とその周辺はもともと天然の良港であり、水深も深いことなどから造船などが盛んだった。また、周辺海域などで炭鉱の開発が行われ、人口が一気に増加した。今でも三菱重工業の造船所や三菱電機の工場が立地していて、三菱の企業城下町とも呼ばれている。1942年には戦艦武蔵が三菱重工長崎造船所で竣工している。長崎造船所の様々な産業遺産が世界遺産の認定を受けていることでも有名だ。

１９０３年には15万３２９３人となり、広島市を抜いて６大市に続く日本７番目の都市となった。その後も20年余り広島市よりも人口が多かったが、１９２５年に広島市に抜かれ、また、１９３０年には福岡市にも抜かれてしまったのである。

１９４５年８月９日、広島市の悲劇からわずか３日後、長崎市にも原爆が投下され、甚大な被害が生じた。長崎市でも広島市同様、特別法である長崎国際文化都市建設法が制定された。戦後、発展を遂げ人口増を続けてきたが、２０１５年の国勢調査では人口減に転じ、42万９５０８人、39位となっている。戦前は広島市よりも人口が多い時期があった長崎市も、今では広島市の３分の１ほどに過ぎない。

産業構造など様々な理由が考えられるが、長崎市は平地が少なく都市開発の余地が少ないことも一因として挙げられるだろう。また、他の都市とのアクセスも悪く、空港からも距離がある。さらに、九州新幹線は２０１１年に全面開業したが、長崎新幹線については、新幹線と在来線を直通できるフリーゲージトレインの導入を前提としていたが、トラブル続きで導入が断念となり、開業の目途が立っていない状況にある。

近年大型クルーズ船も頻繁に寄港するなど海外からの観光客も増加しているが、全般的な産業振興という側面では、地の「不利」も災いしてか、広島市に後れを取ってしまったことは否めない。

これまでみてきたように、地方都市は国策によって大きく振り回されてきた。江戸時代から北前船という交通網によって、日本海側の都市は人とモノの行き来が活発になり発展を遂げてきた。

しかしながら明治政府は富国強兵・殖産興業の掛け声の元、東京、大阪などの大都市や太平洋側の振興に力を注ぎ、日本海側の地盤沈下は進み、裏日本という地位に甘んじてしまったのである。また、炭鉱などの鉱業都市は日本の成長を支える役目を果たし、地域も大いに潤っていったが、エネルギー革命と国策の転換によって、炭鉱は相次いで閉山となり、大幅な人口減を余儀なくされた。

明治政府による北海道の開拓は、維新後に失業した武士階級だけでなく、西南戦争以降のデフレで疲弊した東北や北陸の農民などによって支えられ、また、日本の人口増の受け皿の一翼を担ってきたが、戦後の鉱業都市の衰退や産業構造の転換などによって、札幌市以外は軒並み厳しい状況となっている。

†歴史からの教訓

軍事都市の場合は、もっとはっきりしている。第2次世界大戦までは大いに繁栄し、終戦によっていったんは都市の経済的基盤が失われてしまったのだ。まさに国とともに命運を共にしたのだった。

もちろん、国策に左右されたからといってそれで終わりではなかった。地域社会の新たな「食い扶持」は何なのか、様々な模索が進められ、企業誘致がそれなりに進んだところもあれば、観光に新たな活路を見出したところもある。だが、多くの場合、うまくいっていないか、あるいは経済的な効果も限定的で、他地域以上に人口減と経済の低迷に悪戦苦闘しているのだ。

国とて、エネルギー革命に対して手をこまねいている訳ではなかった。高度経済成長が続く中で、京浜、中京、阪神、北九州の4大工業地帯を含めた太平洋ベルト地帯に産業が集積し、地域間の格差が問題視されるようになると、1962年に全国総合開発計画を策定して拠点開発方式を打ち出し、4大工業地帯から離れた15の地域を新産業都市として指定した。その中にはいわき市や福岡県大牟田《おおむた》市のような産炭地域も含まれていた。また、北海道空知地方の炭鉱労働者の受け皿として道央地区も指定されるなど、国も一定の配慮は行ったのであった。

新産業都市では格差是正のために、港湾や道路、工場用地などを整備し、大規模な工場を誘致する計画が立てられた。地元の産業とは関係なく、石油化学や鉄鋼など最新鋭の工場建設が計画されたが、必ずしも予定通り進んだわけではなかった。

国策は未来永劫続くものではない。社会経済情勢は変化し続けるものである。今、繁栄の頂点にある都市も明日はどうなるかわからない。そのことはこれら、国策に振り回された都市の現状をみれば教訓とすべき点は少なくないだろう。そして、国策によって栄えた都市は、実は東京をはじめとする大都市を支え続けてきた存在でもあった。日本海側の都市のように大都市の人材供給源となってきたところもあれば、鉱業都市などがもたらす利益の一部は地元だけでなく、工場の本社があった東京にももたらされたのだった。

それでは今、繁栄している都市はどのような状況になっているのか、そして特に都市間競争の時代ともいわれる昨今、都市のライバル関係はどのようになっているのか、これらについて次章で詳しく述べることにしたい。

第四章　都市間競争の時代へ

1　企業城下町の繁栄と衰退

†民間企業と一蓮托生

茨城県日立市や愛知県豊田市のように、世界的大企業の創業の地を有する都市はもちろんのこと、大きな工場が立地している都市にとって、企業の業績は地域経済、ひいては自治体の税収を左右しかねないだけに大いに関心を寄せるものである。また、工場の立地如何でその後の都市の財政状況が大きく変わることが少なくない。逆に工場の撤退は雇用の場の喪失をはじめとして地域経済に大きなダメージを与えるだけに、都市にとっては死活問題ともなりかねない。

世の中には企業城下町と称される都市が数多くある。一般的には、特定の一企業の本社や事業所、工場、関連会社の工場や下請け会社などが一つの自治体における産業の大部分を占め、その企業によって多くの住民が就労の場を与えられる都市のことだ。企業が栄えれば都市も栄え、逆に企業の衰退が都市の衰退に直結するような都市といわれている。

企業城下町は脆弱さをさらけ出すこともある。アメリカのデトロイト市はかつてはGMやフォードの工場が立ち並び、自動車の街として一世を風靡していたが、2009年のGMの破綻などによって経済状況が悪化し、2013年には全米一の規模の財政破綻となってしまったことは記憶に新しい。まさに企業城下町と企業の盛衰は一蓮托生なのである。

†企業城下町の優等生——日立市と豊田市

企業城下町も様々である。過去に企業城下町だったものの、今ではまったくといっていいほど面影すら残っていないところもあれば、依然として光り輝く都市のところもある。国内を広く見渡してみると、タイプは異なるものの、企業城下町の優等生といえるのが日

図4-1　日立市と豊田市の人口推移

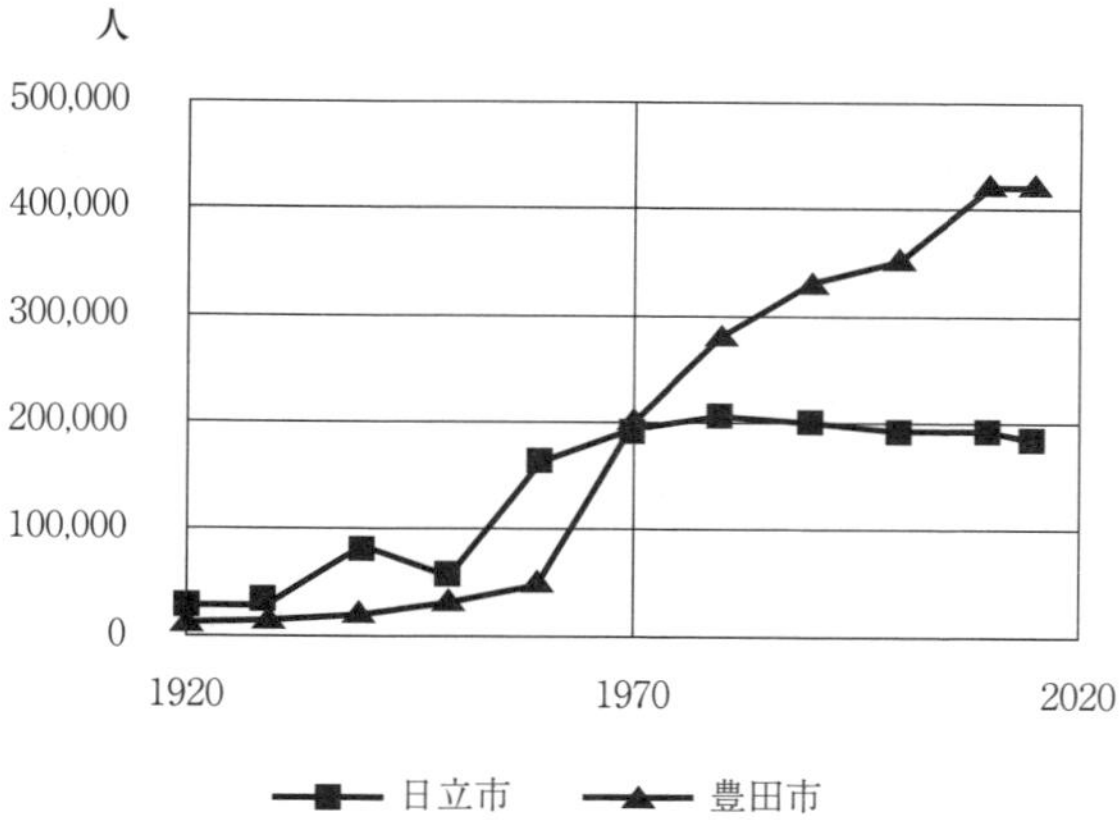

立市と豊田市だろう。ここではこの２市の生い立ちとその後を見てみよう。

両社の共通点は世界的な大企業の創業の地であり、また、都市の名前が企業の名前と結果的に同じということだ。一方、日立市が人口減に転じているのに対して、豊田市はかろうじてではあるが増加傾向にあるということが相違点の一つである（図４-１）。

日立市は日立製作所の創業の地である。江戸時代から開発されていた赤沢《あかさわ》銅山は１９０５年に久原房之助《くはらふさのすけ》によって買収され、日立村にちなんで日立鉱山としたところから始まる。また、日立鉱山は、現在のＪＸエネルギーやＪＸ金属のルーツである日本鉱業の発祥の地でもある。

１９３９年に旧日立町と旧助川町《すけがわまち》が対等合

併して日立市となるが、対等な立場からどちらかの町名を使うのはまずいということで、日立鉱山が調停案として新市名に「常陸《ひたち》市」を提案したがこれも協議不調になってしまった。そこで、新市名は茨城県に一任されることとなり、すでに日立鉱山と日立製作所が全国的に知られていることから、日立市に決定した。新市名が旧日立町からとられたものではないとして、旧助川町も受け入れたのだった。

市制施行直後の1940年の人口は8万2885人で58位だった。戦時中は人口が大きく減少したが、戦後は再び日立製作所の発展とともに人口増加が続き、1975年には20万人を突破した。しかし、1981年には日立鉱山が閉山となり、東洋一高いとされ市のシンボルだった大煙突が倒壊したことが象徴するかのように、人口は1985年をピークに減少し、2005年には私鉄の日立電鉄線も廃止されてしまった。

企業としては、日立製作所は高い業績を挙げているが、創業の地では事業規模も徐々に縮小傾向となっている。また、東日本大震災では日立市も大きな被害を受け、2015年には人口18万5054人となり、順位も127位にまで下がってしまった。茨城県の中では1975年までは県都の水戸市を凌いで一番人口の多い都市だったが、その後水戸市だけでなく合併して大きくなったつくば市にも抜かれてしまい、現在では3番目となっている。それでも他の鉱業都市に比べると日立市の状況ははるかに良好な方だ。

日立市には日立の関連事業所だけで数百も立地し、まさに企業城下町の名前がふさわしい。日立駅の駅前広場には、日立市の象徴となる発電所用の大型タービン動翼を模したモニュメントが置かれている。

そして、いかにも企業城下町らしいお土産がある。市内の青柳菓子店には日立製作所の巨大煙突を模した缶の中に入った日立煎餅《せんべい》が販売されている。これは日立製作所の社章に日立と描かれたいわゆる瓦煎餅《かわら》だ。また、モーター最中《もなか》は日立製作所が最初に製造した誘導電動機を模したもので、電動機そのものは茨城県の指定有形文化財にもなっている。このほか、小川屋菓子店では東洋一という名前の薄焼きせんべいと銘菓せんぷうきという扇風機をイメージした最中を売っている。日立製作所が市民に愛されていることが、これらの銘菓からもうかがえるだろう。

一方の豊田市は、もとは挙母町《ころもちょう》と呼ばれた小さな田舎町で、1920年の人口は1万1924人、全国の中では421位だった。市内にトヨタ自動車の本社が置かれているが、同社が設立されたのは1937年だった。本社の候補はほかにもあったが、土地が安いことなどが決め手となって、挙母の地に決まったのだった。1951年に市制施行して挙母市となったが、1958年、地元の商工会議所が、日本有数の自動車の街になったことと、長野県の小諸《こもろ》市と読み間違いされやすいということもあって、市名変更の請願書を提出し、翌年豊田市に名前が変更された。

これと対照的なのが、鈴鹿《すずか》市の例である。本田技研が市に製作所を建設していた当時、市側が本田市に変更したいと申し出たのに対して、本田側、特に本田宗一郎が伝統のある市名を企業の名前にすべきではないとして断ったとされる逸話だ。

豊田市になってから人口は増加の一途を遂げ、トヨタ関連工場が市内各地に建設され、多数の従業員を抱える都市となった。２０１５年現在、42万２５４２人、全国41位で、愛知県では名古屋市に次ぐ都市となっている。

トヨタ自動車の好調は市の財政状況にも好循環をもたらしている。２０１６年度の財政力指数は１・３０で、市としては全国3番目の高さ。また、財政の健全化を示す指標の一つである経常収支比率は66・５で、市の中では最も低い。豊田市の財政は安定飛行を続けているのだ。このように健全財政を維持し、しかも市内には立派な公共施設を多数抱え、高い水準の行政サービスを市民に提供できるのも、まさにトヨタさまさまといったところだ。工業統計調査による製造品出荷額では、１９９０年以降、都市別でトップを独走し、２０１７年には豊田市だけで14兆円を超えている。トヨタなくして豊田市はまさに存在しえないといってもいいだろう。

日立市と豊田市の人口を比較すると、戦前から戦後にかけて１９６０年代までは日立市が上回っていた。それに対して豊田市は1960年代以降大幅に増加し、1970年にはついに日立市の人口を抜いてしまった。合併などもあって、豊田市は日立市の倍以上の人口を抱えている。地元での雇用ということではトヨタ自動車のほうが圧倒的に大きく貢献しているのは明らかだ。ちなみに日立市の製造品出荷額は約1兆円と、豊田市の10分の1以下にとどまっている。

†大きな浮き沈み——亀山市

三重県亀山《かめやま》市は国家プロジェクトや企業の進出で大きな浮き沈みを経験した都市の一つだ。東海道新幹線は戦前から建設計画が立てられていたが、その際の有力候補として、名古屋駅から関西本線沿いを西に進んで、鈴鹿山脈をトンネルで貫き、滋賀県側に繋げるというルートがあった。これが実現していれば、亀山市は新幹線のルート沿いの都市としてもっと栄えていただろう。戦後も候補として検討されたが、長大トンネルを掘削するのが当時の技術では困難だったことや、岐阜県側の有力政治家だった大野伴睦《ばんぼく》の政治力などによって関ケ原を経由するルートになってしまった。

明治時代の中期には、現在の関西本線と紀勢本線が相次いで開通し、東海道が国道一号として整備されるなど交通機関が整備されたが、東海道新幹線や名神高速道路が関ケ原方面に整備されたこともあり、開発から取り残されていた。

その後は、東名阪自動車道や伊勢自動車道が整備され、名阪国道や国道一号とも結ばれることで一転して利便性が高まり、徐々に企業立地が増えていった。そしてシャープの誘致である。当時は候補地の一つに過ぎず、他の自治体のように税の優遇措置もなかった。そこで三重県は、シャープに90億円という巨額の補助金を交付することを表明し、亀山市もそれに合わせて、半分の45億円の補助金制度を創設し、2002年には亀山市への立地が正式に決定した。

誘致成功の最大の要因は、巨額の補助金であったことは間違いないだろうが、他にも様々なセールスポイントがあった。まず第一に、三重県の熱心な支援・協力体制が挙げられるだろう。職員が誘致セールスを集中的に行うとともに、立地場所の選定や工場誘致に関連する建築確認、消防、環境関係などの各種手続き、労働者の確保や住居探しまで一つの窓口で対応するワンストップサービスを実施した。

また、地の利があったことも挙げられる。シャープ亀山工場が立地した近くには東名阪自動車道などが接続する亀山インターチェンジがある。インターチェンジからは伊勢自動車道や、第二名神高速道路とも接続されるなど、交通が極めて便利な地域である。シャープには奈良県天理市に研究所があり、また、それまでは三重県多気町《たきちょう》の多気工場が液晶の主力工場だった。亀山市は天理と多気とはちょうど三角形で結ばれる地理的条件にある。この3都市が高速道路で結ばれていたこともシャープ誘致の勝因の一つだったのだろう。

亀山工場で生産された液晶テレビがカメヤマブランドとして国内のみならず、世界中に知れ渡り、シャープの誘致によって、液晶関連企業の新規立地や増設が相次いで行われた。2006年にはシャープ亀山第二工場も稼動を開始した。1980年代には0・5台から0・7台だった財政力指数もアップし、地方交付税の配分を受けない不交付団体となった。特に2009年度は1・39にまで上昇したのだった。このように順調に成長を続けてきた亀山市ではあるが、第1工場が2009年に中国系企業に売却され、いったんは三重県が補助金の一部返却を求めるなど、結果としてシャープの動きは地元を翻弄してしまったのだ。2012年には第2工場も一時操業停止となり、財政力指数も2013年度以降1を切るようになってしまう（図4-2）。人口は、2015年には減少に転じた。

2016年にはシャープ自体が鴻海《ホンハイ》グループに買収されてしまった。シャープ工場の誘致で地元は大いに沸いたが、シャープの事実上の消滅で亀山市の今後には少なからず不安材料を残している。わずか十数年の間に、亀山市はジェットコースターに乗っているかのようなアップダウンを経験したのである。

ただ、外資＝警戒すべき存在、と単純に考えるべきではないだろう。すでにリゾート地

図4－2　亀山市の財政力指数の推移

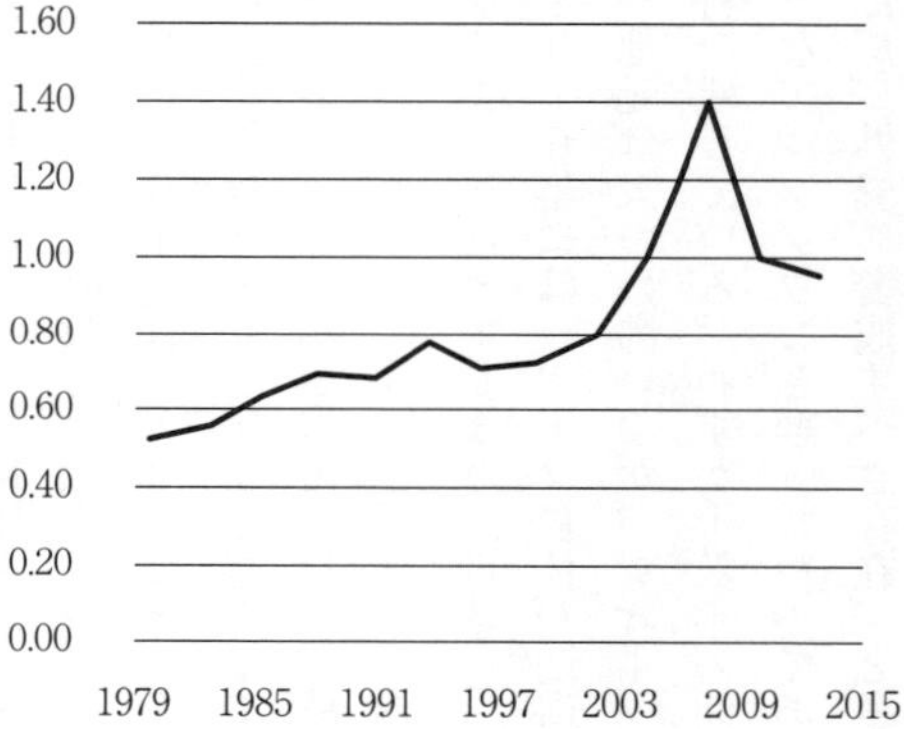

注：3か年平均である

では少なからず外資によるホテルやスキー場などの経営が本格化している。国内の企業であっても夕張市における松下興産のように無茶苦茶なことをするケースもあるからだ。

†貧困の村から金満の村に——愛知県飛島村

愛知県の飛島村には中部電力西名古屋火力発電所、H2Aロケットが組み立てられる三菱重工業名古屋航空宇宙システム製作所飛島工場、トヨタ自動車飛島物流センターなど、名だたる大企業の施設が立地している。面積は22・42㎢と狭い中で人口は4397人、これが昼間になると1万4004人と3倍以上に膨れ上がる。すなわち、昼夜間人口比率は318・5で、千代田区、中央区、港区の都心3区に次いで高いのだ。

村内の公共施設はどれも立派で、子育て支援から教育、老人福祉まで至れり尽くせりの行政サービスが提供されている。ゆりかごから墓場までという言葉は飛島村のためにあるようだ。村の行政サービスの水準は半端ではない。子供の医療費は中学卒業まで無料で、住民が出産し、一年以内村内に住んだ場合と、子供が小学校、中学校にそれぞれ入学した場合、村から10万円の祝い金が支給されるという大盤振る舞いだ。公立の小中一貫校を設置して、充実した教育施設のもとで四・三・二年制の独自の義務教育を提供し、中学生に対してはアメリカへの修学旅行を全額村が負担して実施している。

老人に対しての配慮も忘れてはいない。90歳で20万円、95歳で50万円、100歳になると100万円が支給されるなど、高齢者への様々なサービスも充実している。このほか、村営の温泉施設やスポーツ施設などもあって、村民は財政力指数日本一の恩恵をしっかりと享受しているのだ。

そんな飛島村も今日に至るまでは苦難の連続だった。戦前の飛島村は貧しい農村で、合併したくても周辺自治体から拒否されるような状況だった。1944年の東南海地震では大きな被害を受け、太平洋戦争時には名古屋市内の工場を守るために田畑に裸電球を灯《とも》して大都市を装うことを余儀なくされ、空襲による犠牲も少なくなかった。

特に被害が大きかったのが1959年の伊勢湾台風である。もともとゼロメートル地帯が大部分ということもあって死者は132人を数え、村内の大半が水没してしまった。このように飛島村を度重なる悲運が襲ったのであったが、1962年に高潮堤防が完成し、名古屋臨海工業地帯の整備が進む中で数多くの優良企業が立地したこともあって、財政力指数日本一の村となったのだ。

田んぼが広がる地域と大規模な工場が立ち並び、大型トレーラーが多数行き来する地域が同じ村内というのは実際、現地を訪れると、違和感を覚える。村内の約6割が市街化調整区域に指定されていることもあり、現時点では住宅地の開発の可能性は少なく、人口は減っている。飛島村のような豊かな村ですら消滅可能性都市となっているのだ。

†企業城下町の悲哀——釜石市

夕張市をはじめとする鉱業都市も、国策だけでなく、企業の経営判断により様々な影響を受けたという点では企業城下町だったといえるだろう。これら鉱業都市ほどではないにしても、この100年余りの期間に栄光と挫折を味わった都市は他にもある。その代表例は岩手県釜石《かまいし》市だろう。1880年に官営の製鉄所が釜石で操業を開始した。これは八幡製鉄所よりも早く、日本で最初のものだった。

その後、民間に払い下げられてから発展を遂げ、1920年にはすでに人口2万663人を有する大きな町だった。1937年に市制施行し、1940年には6万2136人にまで増加している。終戦直前の1945年7月には本土初の艦砲射撃を受け製鉄所は壊滅的な被害を受けてしまった。戦後、操業を再開し、製鉄所の街は賑わいをみせていった。1960年には8万7511人となり、一時期は9万人も突破したのだった。また、釜石市の名前を全国にとどろかせたのが新日鐵釜石ラグビー部の活躍だ。1978年から1984年までの間、日本選手権7連覇という偉業を達成したのである。

その一方で製鉄所は1960年代から事業の縮小を始め、釜石市の人口も大幅に減少してしまった。高炉は休止となり、今では細々と線材の生産が行われているだけで、もはや鉄鋼の街ではなくなってしまった。

東日本大震災での被害も大きく、2015年の人口は3万6802人とピーク時の4割ほどだ。長らく、岩手県内では盛岡市に次ぐ第2の都市だった釜石市も今では8番目となっている。そんな釜石市に2018年8月に完成したのが、釜石鵜住居《うのすまい》復興スタジアムだ。2019年のラグビーワールドカップの会場として国内外から注目を集めることが期待されている。

†企業依存からの脱却を図る——座間市

東京近郊に目を転じると、神奈川県座間《ざま》市も日産自動車の企業城下町として有名だ。もともとは陸軍士官学校や海軍工廠が立地する軍事都市としての性格を有していたが、戦後は企業誘致を進め、海軍工廠跡地に日産自動車座間工場が1965年に操業を開始した。他の企業城下町に比べると企業の進出は比較的最近ともいえるだろう。

ここではサニーやセフィーロなどの車種が組み立てられていた。また、相鉄線沿線などの宅地開発が進み、ベッドタウンとして人口も大幅に増加していった。1965年に2万9948人だった人口は5年後の1970年には5万6727人と倍近くに増え、翌年に市制施行となった。その後も発展を遂げ、1985年から財政力指数は1以上となったが、バブル経済の崩壊とともに日産が事業縮小を余儀なくされてしまった。

1995年には座間工場は閉鎖され、それ以降、座間市の財政力指数は1を切るようになり、市の財政状況は徐々に悪化している。座間市の場合、工場は閉鎖されたものの事業所として一定の雇用は保たれ、また、ベッドタウンとして発展していたこともあって人口増が続いていたが、2015年の国勢調査でついに人口減に転じたのだった。

✝異彩を放つ宝塚市

宝塚市には阪急阪神東宝グループ創始者の小林一三が手がけた、宝塚歌劇団の本拠地である宝塚大劇場がある。1910年に阪急宝塚本線の前身である箕面《みのお》有馬《ありま》電気軌道が開業し、その4年後の1914年に宝塚歌劇団の前身である宝塚少女歌劇団の第1回公演が行われた。1924年には収容定員3500人の初代宝塚大劇場が完成し、それ以降、宝塚は歌劇の街として全国的に有名になったのである。宝塚市が市制施行されたのはそれから30年が経過した1954年のことだった。

関西有数の高級住宅地として、また、大阪や神戸のベッドタウンとして宝塚市は発展していった。宝塚大劇場は、その前年に設立された宝塚音楽学校とともに100年以上の間、宝塚市の看板として君臨している。

宝塚市が輝きを失わないのは、東京と宝塚の二本立てという仕組みを堅持しているところにその一端をみることができる。1934年には千代田区有楽町に東京宝塚劇場をオープンさせていて、公演は両方で行われている。多くの関西企業が東京に本社を移すなどして、結果的に関西経済の停滞をもたらしてしまったのに対して、宝塚歌劇団は阪急が直営で運営しているということもあって、宝塚市の本拠地を大事にしていることが最大の違いだ。実際、宝塚歌劇団員は阪急電鉄の従業員という位置づけになっている。

利益を上げるためであれば東京公演をもっと増やしたほうがいいのだろうが、創始者の思いを大事にして、地元とのバランスを上手くとっていることは他の見本ともなるだろう。

東京宝塚劇場は、東京における宝塚歌劇団の専用劇場として宝塚歌劇団の公演を目的としているため、舞台のサイズ、設備等のシステムは、宝塚市の宝塚大劇場と同等になっているが、客席数では約500席少なくなっている。様々な工夫も凝らしながら、現在では東京、宝塚ともに集客率は100%を達成している。関西の他の大企業も宝塚のような取組みをしていれば、関西は今ほど東京に後れを取ることはなかったのではないだろうか。

†鉄の街と紙の街の光と影――室蘭市と苫小牧市

北海道の同じ胆振《いぶり》支庁に属する室蘭市と苫小牧市、近隣のライバル都市としてともに工業で栄え、その後は室蘭市が人口減となる中で苫小牧市が規模を拡大していく（図4-3）が、街づくりに関してはどちらも大きな課題を抱えているところでもある。

1892年に岩見沢から室蘭まで鉄道が開通し、室蘭港が夕張などの産炭地域にとって最も近い石炭の海外輸出港となったことが発展のきっかけだった。1900年に室蘭町となり、1907年には日英の3社の合弁で日本製鋼所が創立され、室蘭に工場が建設された。また、1909年には現在の新日鐵住金室蘭製鉄所が操業開始となり、室蘭は鉄の街として国内外に名前を知られるようになった。

1918年には室蘭区となり、1920年には人口5万6082人、全国41番目で北海道の中でも旭川区に次ぐ5番目に大きな街となった。その後も順調に発展し、1940年には10万7628人と10万人を超え、人口は全国40位に上がっている。高度経済成長の中

図４－３　室蘭市と苫小牧市の人口推移

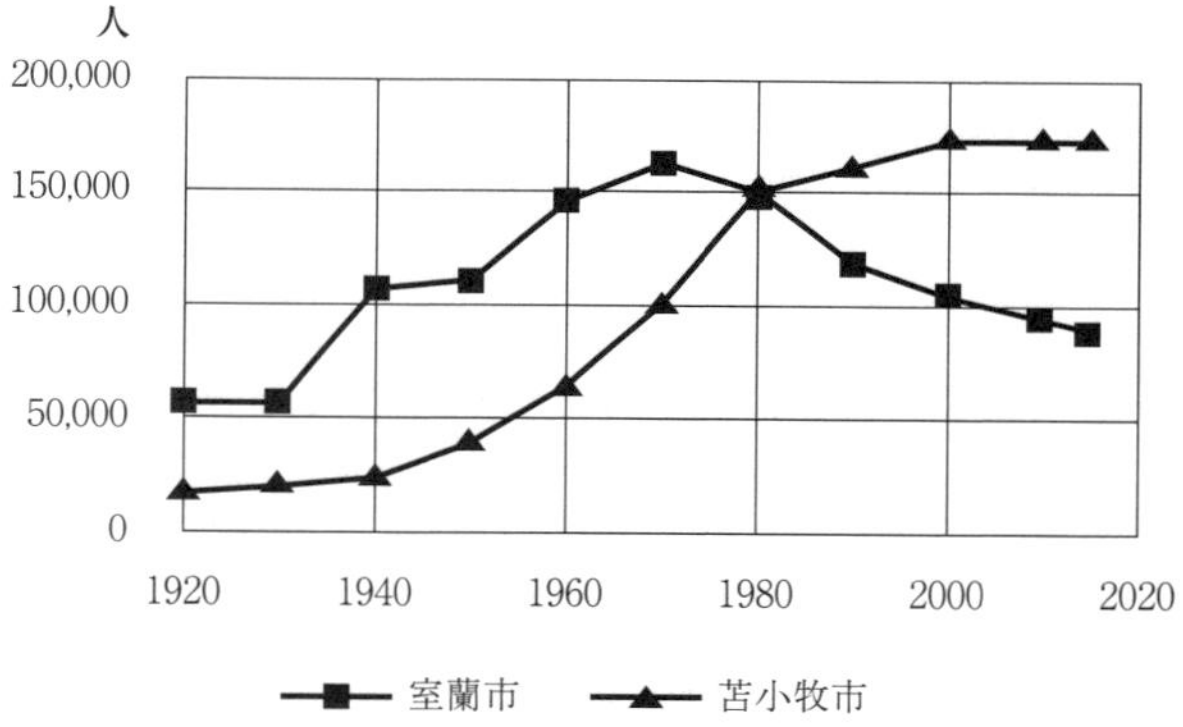

で鉄鋼や石油精製の工場を抱えた室蘭市は北海道の産業面での中心的な存在となり、国勢調査では１９７０年には16万２０５９人となった。だが、工場の規模縮小が相次ぎ、石油ショックなどの影響もあって、室蘭市は人口減に転じていった。

１９８０年には人口で苫小牧市に抜かれ、２００５年の国勢調査ではついに人口10万人を割り、２０１５年には８万８５６４人と全国順位も２９７位にまで下がっている。室蘭市の場合、新日鐵住金や日本製鋼所の大規模な合理化による人員削減の影響が大きかっただけでなく、もともと市街地に平地が少なく住宅の適地が少ないこともあって、地価が比較的安い登別《のぼりべつ》市や伊達《だて》市に人口流出が進んだことも人口減の一因として挙げられる。

さらに進んだのが中心市街地の空洞化である。室蘭市内でも大型店が相次いで撤退し厳しい状況となっている。

一方、苫小牧は勇払原野《ゆうふつげんや》の寒村だったが、水資源と木材資源に恵まれていることから1910年に王子製紙が工場を建設し、発展の礎《いしずえ》となった。室蘭に遅れること18年、1918年に苫小牧町となり、その後、1943年には現在の日本製紙の工場が勇払で操業を開始し、苫小牧は紙の街として有名になっていった。

室蘭以上に産炭地域が近いことから石炭の積出港としての工業港を苫小牧に造るべきとの議論が高まっていった。1948年にようやく市制施行となり、1963年に世界初の内陸掘込港湾となる苫小牧港（西港）が開港した。これにより西港の周辺には企業立地が進み、人口も一気に増加して1970年には10万人を突破した。

また、1980年には東港が開港した。もともと1962年に国が策定した全国総合開発計画では拠点開発方式を打ち出し、その一つとして15の新産業都市が認定され、苫小牧市を含む道央地域も入っていた。さらに1969年の新全国総合開発計画では大規模プロジェクト方式が採用され、その目玉が国家プロジェクトである苫小牧東部開発計画だった。苫小牧市東部（苫東《とまとう》）に広がる雄大な勇払原野に巨大な掘り込み式の人造港を建設し、鉄鋼、石油精製、アルミ精製など重厚長大産業を誘致して、世界最大級の巨大コンビナートを建設しようというバラ色の計画であった。苫小牧市はまさに国策に上手に乗っかったのである。

　その時の総理大臣は田中角栄、世はまさに列島改造論に踊り、苫東の開発はその1丁目1番地のようなものだったのだ。苫小牧東港は札幌都市圏に最も近い太平洋岸の港であり、新千歳空港にも近接している利便性が売り物だったが、1973年の石油ショックなどによって企業の進出は滞り、1997年時点では当初計画の1万700ヘクタールのうち契約済みの敷地は約820ヘクタールだけだった。第三セクターの苫東開発は1998年には事実上破綻し、計画は大きく見直された。だが、自動車関連企業の進出もあって、人口増はその後も続き、室蘭市に続いて小樽市、帯広市を抜き、2018年にはついに釧路市も抜いて、北海道内では札幌市、旭川市、函館市に次ぐ4番目に人口の多い市となっている。

　当初の計画は達成されなかったが、苫小牧市は北海道を代表する工業都市・港湾都市になった。苫小牧港の内航取扱貨物量は日本一で、苫小牧東部地域には世界最大級の地上タンク方式による石油備蓄施設も設置されている。

†駅周辺と中心市街地の衰退

　人口増にはなったものの、苫東開発の挫折は苫小牧のまちづくりにも悪影響を及ぼした。

苫小牧市は1973年に市の基本構想を策定している。これは、苫小牧市が目指す理想の都市と市政を総合的かつ計画的に推進するための施策の方向を明らかにするもので、昭和60年代（1985年以降）に想定される人口は35万人としていた。だが現実には想定の半分にも満たなかった。

苫小牧市は35万人を前提にまちづくりの計画を策定し、様々な事業を進めていた。東西に長い市域の中で当初は市の西部を中心に宅地開発を進め、市営住宅も多数建設された。片側3車線、4車線の道路も東西方向を中心に建設が進められ、市営バスの路線も拡充されていった。人の住むエリアは拡大していったが、人口は計画を大幅に下回り、スカスカな街ができてしまったのである。もちろん、苫小牧市でも1988年に基本構想を作り直し、21世紀初頭におおむね25万人と下方修正したが、まだ過大なものだった。

その挙句に生じたのが中心市街地のすさまじい空洞化である。せっかく苫小牧駅周辺に大型店舗がいくつも立地し、一定程度は商店街との共生も目指されてきたのではあるが、今では駅の北側に旧長崎屋の店舗が転換されたMEGAドン・キホーテ以外はどこも残っていない有様だ。結局は大型店舗も商店街も共倒れしてしまったのである。

バブル経済が北海道でも過熱する中、駅前に屋内型テーマパークがオープンするなど、1995年時点では駅ビルも含めると苫小牧駅から半径1キロほどの範囲に6つの大型店舗と1つのテーマパークがひしめく一大商業地域となっていたのだ。

その栄華も一瞬だった。1997年にはテーマパークが閉鎖され、2000年以降、大型店は次々と閉店し、そしてとどめを刺したのが2005年4月、市の東側に北海道内最大の店舗面積を誇るイオン苫小牧ショッピングセンターがオープンしたことだ。しかも苫小牧駅前から無料送迎バスが出てしまえば、駅前に立地している大型店舗であってもひとたまりもない。

苫小牧市の状況は決して例外的なものではない。例えば新潟県長岡市でも長岡駅周辺には最盛期には百貨店やスーパーなどが7つも立ち並んでいたが、やはり郊外に進出した大型店やモータリゼーションの影響で1店舗にまで激減した。しかし、長岡市は当時の森市長の強力なリーダーシップのもと、中心市街地の活性化に取組み、市役所も含む複合施設のシティホールプラザアオーレ長岡を駅前に建設し、様々な再開発プロジェクトを官民連携して行うことで少しずつ中心市街地に活気が戻ってきている。

同様のことは図書館などの集客性の高い公共施設を街中に戻すことによっていくつかの都市が実践しているが、残念ながら苫小牧市の場合、苫小牧駅周辺に核となるような施設の再配置はまったくみられず、人口が17万人を超えているにもかかわらず中心市街地が壊滅的な状況となっている。

室蘭市の中心市街地はさらに厳しい状況ではあるが、一定程度人口が増加しても、苫小牧市のようにまちづくりの失敗、それも過大な都市計画を十分軌道修正できなかったことが大きな要因となって中心市街地が寂れてしまうことが起きるのだ。これはアメリカの郊外の都市でも似たような状況はみられる。中心地がないというのが新しい都市の姿だという見方もできるのかもしれないが、都市の顔、それも玄関口としての駅とその周辺がこれだけ衰退してしまって寂しいと思うのは出身者だけだろうか。

苫小牧市では、カジノを含む統合型リゾート（ＩＲ）の誘致を進めている。市の東端の新千歳空港の近くに整備することで、多くの誘客が可能だとしている。この構想が実現したとしても、中心市街地への波及効果は限定的だろう。

いずれにしても企業城下町と称されるような都市は、これからも企業と一蓮托生であることを自覚したうえで自治体運営を行わざるを得ないのだ。そして企業経営は世界情勢や技術革新の動向によって大きく変化してしまう。すなわち、世界情勢や技術革新こそが企業城下町として繁栄してきた都市の生殺与奪の権を握っているのである。

2 代表的なライバル都市を比較する

†都市が競争する時代へ

都市間競争ということがいわれるようになったのは決して新しいことではないが、都市のブランド力やイメージなどが様々なところで指標化され、また、ランキングといった形で公表されることで都市同士があたかもライバルのように称され、どの都市が優れているのかと話題になることも少なくない。もちろん、都市そのものは生き物ではないが、都市の行政を司る市長や市の関係者、経済団体などはことさら都市間競争を意識するようである。

ここではだれからみてもライバル同士と目されるような都市や類似の傾向にある都市を並べて、どのように競いつつ発展してきたかについてみてみよう。

†東京周辺の小さな町から巨大ベッドタウンへ――さいたま市と川崎市

東京周辺で人口増加数が多い都市といえば以前は横浜市だった。１９６０年から１９７

5年にかけては国勢調査のたびに40万前後と一つの中規模都市が誕生するくらいの勢いで人口が増え続けていた。だが、住宅開発が斜面地にまで及び、斜面マンションと揶揄されるような建物が乱立し、もはや開発余力が少なくなってしまったようで、2010年と2015年ではついに人口増加数は4万人弱とピーク時の10分の1以下、増加率も1%を切ってしまった。

その一方で、川崎市は2015年の国勢調査で147万5213人と京都市を抜いて全国第8位の都市となり、2017年には150万人を突破して神戸市の人口を抜くのは時間の問題ともいわれている。また、2001年に浦和市、大宮市、与野《よの》市が合併し、その後、2005年に岩槻《いわつき》市とも合併したさいたま市は交通アクセスが良いこともあって、子育て世代で特に人気の都市だ。2015年には人口が126万3979人となっている。

だが、さいたま市も川崎市も明治時代にはほんとうに小さな町だった。北海道や福岡の炭鉱の町と比べても人口が圧倒的に少ない東京周辺の田舎町に過ぎなかった。それが地の利を生かしつつ、紆余曲折を経て100万都市の仲間入りをしたのだった。

✝ライバル都市同士の合併――浦和市と大宮市

さいたま市の歴史を語るうえで、浦和と大宮の確執を取り上げないわけにはいかないだろう。まずはそれぞれの生い立ちと合併までの動きをみてみよう。浦和は中山道の小さな宿場町だった。1869年に浦和県が誕生し浦和に県庁が置かれ、1871年、忍県《おしけん》と岩槻県と合併して埼玉県が誕生した際、当初は岩槻に県庁が置かれる予定であったがそのまま浦和に暫定的に残され、1876年に入間《いるま》県《けん》が併合された際には川越《かわごえ》のほうが人口が多かったものの現在に至っている。

浦和は1889年に町制施行されたが、この時点でまだ人口は5843人と1万人にも満たない小さな町だった。県庁所在地で最も人口が少なかったのである。大正に入り1920年の第1回国勢調査における浦和の人口は1万1694人で全国436位、埼玉県内で9番目だった。そんな小さな町だった浦和に大きな転機が訪れたのは1923年だった。関東大震災によって東京、横浜は壊滅的な被害を受け、多くの人が住む場所を失った。そのような中で、比較的震災の被害も小さく、東京から20キロ圏内と交通の便もよく、災害の心配も東京よりは少なく、さらに住宅地の開発余地が大きいということで多くの人が移住してきたのだった。

明治の初めから師範学校を始めとして様々な官立の学校が設立されていて、文教都市の趣《おもむき》を培ってきたことも魅力的な地域に映ったのだろう。富裕層や官僚、文化人なども数多く住むようになり、鎌倉文士に浦和画家とも称されるようになった。このようにして人

図４－４　浦和市と大宮市の人口推移

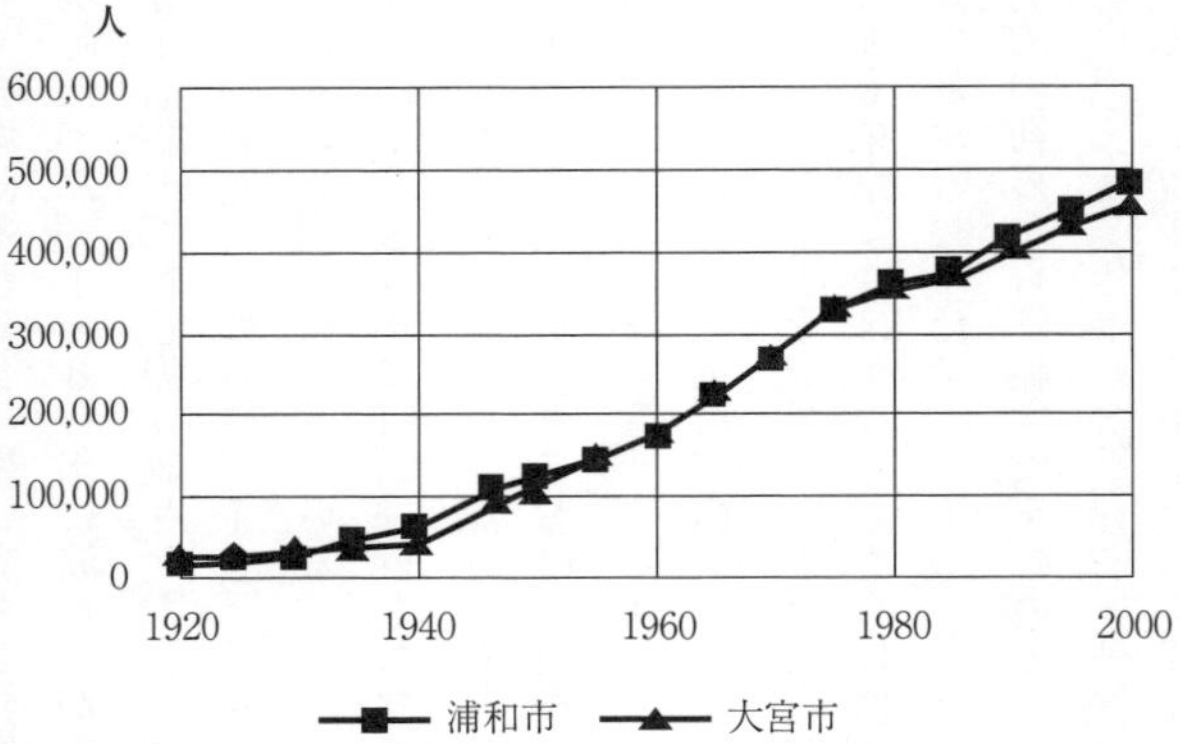

口も順調に増加し、１９３４年には県庁所在地としては最も遅い市制施行となったが、１９３５年の国勢調査では４万４３２８人と全国順位を１００位にまで上げている。

浦和市は交通の便が良いこともあって、文教都市として順調に発展を遂げていく。実際、浦和のほか、中浦和、東浦和、南浦和、北浦和、西浦和、武蔵浦和のＪＲの駅のほか、埼玉高速鉄道の浦和美園《みその》駅と浦和が付く駅が８つもある。

大宮市も中山道の宿場町だった。浦和と同時期に町制施行し、１９２０年時点では浦和町よりも人口では勝っていたが、その後は抜きつ抜かれつの状況から、１９６５年以降は浦和市が若干勝っていた（図４－４）。

浦和市と大宮市の対外的な地位が逆転したのは１９６５年のことだった。１８８３年に埼玉県内最初の鉄道駅として浦和駅が開業していたが、東京から近すぎるということもあって、当時、浦和駅には特急はおろか、急行も停まることはなかった。

それに対してこの年、埼玉県内の駅として大宮駅に初めて特急が停車するようになったのだ。その後、大宮駅は鉄道の要所として発展し、1982年には東北・上越新幹線の始発駅として脚光を浴びることとなった。浦和駅にも1985年には新特急が停車することになったものの、普通列車の中に浦和駅を通過することもあって、鉄道の利便性においては完全に大宮の圧勝という状況が続くのだった。

浦和市と大宮市のライバル関係はそれだけではない。サッカーでは、Jリーグに所属する浦和レッズと大宮アルディージャのサポーターは共に対抗意識を燃やし、さいたまダービーはいつも熾烈な戦いを繰り広げてきた。商業面では以前は浦和も健闘していたが、新幹線効果によって大宮駅周辺のほうが賑わいをみせている。

そのような状況の中で2001年5月に与野市を加えて3市が合併し、浦和でも大宮でもない、さいたま市が新しく誕生したのだった。2003年4月には政令指定都市に移行し、国の地方機関が移転して街並みが一新したさいたま新都心や2002FIFAワールドカップの準決勝が開催されたさいたまスタジアム2002など、大規模プロジェクトが順調に進んだこともあって、ようやく100万都市にふさわしい器が整いつつある。

2005年には岩槻市と合併し、広島市を抜いて全国10位の都市となった。さいたま市の場合、1985年に埼京線が開通し、まずは市の西側の開発が活発となった。また、東京メトロ南北線に直通する埼玉高速鉄道と湘南新宿ラインが2001年に営業を開始し、特にワールドカップの会場となったさいたまスタジアム2002の周辺ではマンションや戸建て住宅が数多く建設されていった。

さらに浦和駅はこれまで悲願だった駅の高架化がようやく完成し、湘南新宿ラインが2013年から停車し、また、2015年には上野東京ラインが営業を開始するなど利便性が急速に高まり、駅周辺ではマンション建設が今でも続いている。

このように、県庁所在市で一番市制施行が遅く、また、県庁所在市の駅でありながら特急も急行も停車しなかった浦和も、今はさいたま市として生まれ変わり、都市の風格も少しずつ出てきたのだ。

†工業都市とベッドタウン都市の二つの顔――川崎市

さいたま市と同様に、急成長を遂げたのが川崎市だ。川崎市は東京都と横浜市に囲まれていて区域は東京湾から多摩丘陵にまで及ぶ。神奈川県に属してはいるものの、旧武蔵《むさし》国で旧相模国の区域は含まれていない。政令指定都市の中では一番面積が狭く（143・0

㎢）、もともとは東海道の宿場町だったところだ。

1872年に東海道線の一部が開業し、川崎駅が設置された。これに伴い都市化は徐々に進み、1889年に町制が施行された。1920年の人口は2万1391人で162位、隣の横浜市の人口に比べるとわずか20分の1ほどだった。1899年に京浜急行が路線を開業してから、東急東横線、JR南武線、小田急小田原線、東急田園都市線など鉄道が相次いで開業し、私鉄沿線には住宅地が、また、南武線沿線には工場が数多く立地していった。

1924年の市制施行後も人口は増加を続け、1955年には44万5520人で全国8位にランクインした。1972年には政令指定都市に移行し、1975年には101万4951人とついに100万人を突破した。この頃、市の北西部の丘陵地帯では住宅開発が進み、沿線のラッシュ時の混雑度は全国有数だった。その一方で工場のばい煙などによって公害が深刻化し、1980年代に入ると川崎ぜんそくとして公害訴訟が提起された。川崎市は工業都市として負の側面も有していたが、環境問題が深刻だったということもあって、国や他の自治体に先駆けて1976年に環境アセスメントを実施したことでも有名だ。

政財界を震撼させたリクルート事件でその起点となったのも川崎市だった。1988年6月に川崎駅西口再開発における便宜供与を目的として、川崎市助役へ当時未公開だったリクルートコスモス株が譲渡されたことがスクープされ、そのことが契機となって政財官の広い関与が明らかとなり、時の竹下内閣は総辞職を余儀なくされた。この事件を反省材料として、川崎市では北欧の制度を参考にしながら日本で初めての公的オンブズマン制度を創設した。このほか、子供の権利に関する条例を全国に先駆けて制定するなど、様々な先進的な取組みを進めている。

一旦は人口増加率が鈍化したものの、2000年以降、次々とマンション、それもタワーマンションと称される高層の集合住宅が川崎市内の駅周辺の工場跡地などに相次いで建設されていった。さいたま市同様、東京への通勤・通学が便利ということもあり、また、湘南新宿ラインや上野東京ラインの営業開始ということも少なからず影響したようである。特に武蔵小杉駅には、JR南武線、横須賀線、湘南新宿ライン、東急東横線、東急目黒線の5路線が乗り入れていることもあって、まさにタワーマンション銀座の様相となっている。住みたい街のランキングでも武蔵小杉は上位に入るが、JRの中でもトップクラスの混雑率、保育園不足や小学校のマンモス化など生活環境の悪化が指摘されている。

なお、以前は大阪市に次いで製造品出荷額は第2位だったが、近年は5位前後となっている。川崎市は工業都市として雇用の確保も続けながら、東京方面へのベッドタウン都市としても発展を続けているのだ。

図4－5　さいたま市と川崎市の人口推移

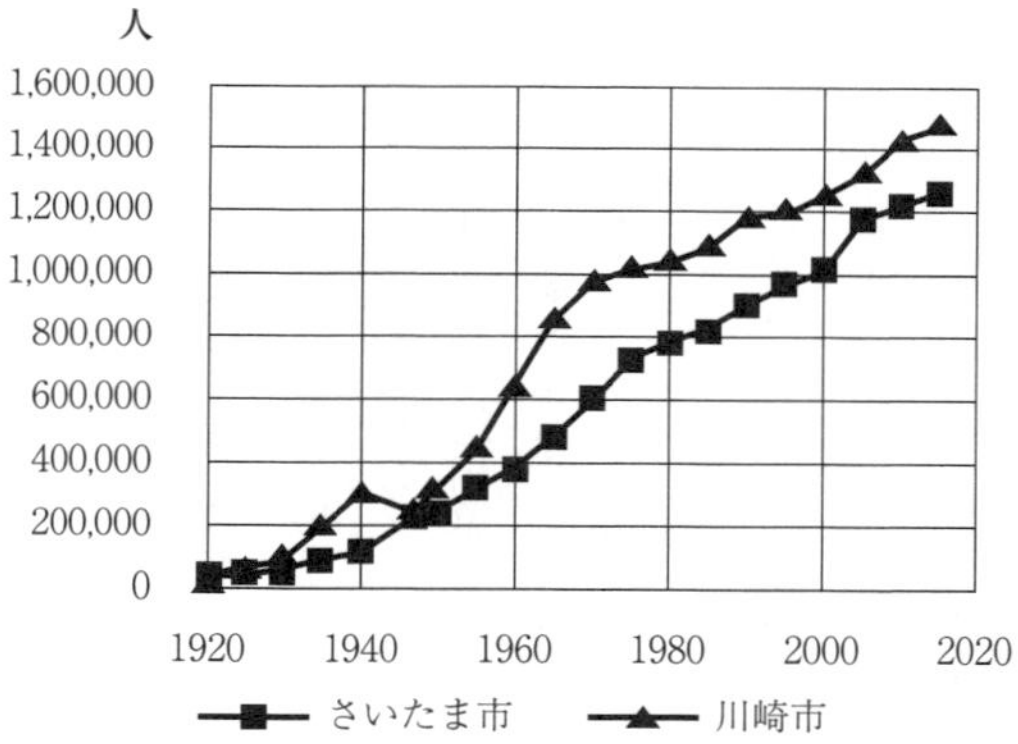

注：現在の市域の人口である

このように、東京をはさんでさいたま市と川崎市は大都市として成長を続け、人口増加もほぼ同じような傾向を示している（図4－5）。子育て世代の割合も他都市よりも高い。一方、長いスパンでみると将来的には高齢化が一気に進むことも考えられる。財政的に余裕のある今から様々な対策は欠かせない。

県都を取り合った群馬のツートップ——前橋市と高崎市

全国各地を見渡すと、決して仲がいいとはいい難い都市同士がいくつも見受けられる。元々藩や旧国が違うということからくるものもあれば、都市の発展した歴史が異なるというものもある。前者でいえば南部藩の八戸《はちのへ》市と津軽《つがる》藩の弘前市、駿河《するが》国の静岡市と遠江《とおとうみ》国の浜松市などが該当するだろう。一方後者では城下町と港町というケースが該当するだろう。具体的には先の軍港都市の項目で触れた舞鶴市と旧東舞鶴市、新潟県上越市の旧高田市と旧直江津《なおえつ》市などが挙げられる。

特に、県庁所在地を争った場合、その後も様々な形で確執が見え隠れする。その代表例が群馬県の前橋市と高崎市だ。前橋市は江戸時代には前橋藩の城下町で製糸業の中心地として栄えた。前橋藩は歴代、酒井家と松平家が支配していた。一方、高崎市は中山道の宿場町であり、また高崎藩の城下町だった。高崎は交通の要所ということもあって、代々有力な譜代大名が治めていた。

ともに江戸時代には徳川幕府にとって重要な場所として認識されていたが、現在の群馬県の区域には廃藩置県によって9つの小県が並んでいた。その中の館林《たてばやし》県を除いて第一次群馬県が1871年10月に成立し、県庁は高崎に置かれた。当初は高崎城内にあったが、軍事上の要衝であったため、翌年1月に接収されてしまった。県庁として他に代用する建物がなかったため、6月には群馬県庁が高崎から前橋に移されてしまったのだ。この時はやむを得ぬ事情と理解されて大きな混乱は起きなかったようである。その後、1873年には川越市など現在の埼玉県西部に相当する入間県と合併して熊谷県となった。

この合併には実は前橋藩と川越藩の特殊な関係が密接に絡んでいた。前橋藩は越前松平家が城主だったが、利根川の氾濫で前橋城の一部が崩壊したことなどもあって、1767

年に時の藩主が川越に移封され、その後1世紀にわたって前橋は川越藩領だった。幕末に前橋の生糸が横浜で売買され、多額の利益を生んだことで前橋城の再建が成り、1867年に前橋藩が再興されたのだった。結局のところ、川越藩と前橋藩はつながりが深く、川越を県都とする入間県と前橋を県都とする群馬県が合併するのは両者にとって自然の成り行きだった。

さらにもう一つの事情として群馬県令（現在の群馬県知事）が当時入間県の県令も兼ねていたということがあった。県令は県庁のある川越と前橋を頻繁に行き来しなければならなかったが、両者の距離は約100kmで、当時は鉄道も自動車もなく、移動に長い時間を要し業務に支障を来たしていた。このことを考慮して明治政府は両県の合併を進めたとされている。また、新しい熊谷県でどこに県都を置くかで川越と前橋が譲らず、結局は両者の中間に位置していた熊谷になったのである。

しかし、その3年後に熊谷県は廃止され、現在の群馬県の区域に近い形で第2次群馬県が成立し、県庁は再び高崎に置かれることとなった。では、なぜまたもや県庁は前橋に戻ったのだろうか。

†したたかだった前橋

当時、高崎城は陸軍省（旧兵部省）の管轄で県が自由に使うことができず、一か所にまとめて県庁を置くことができなかった。とりあえず安国寺を県の本庁舎としたものの手狭のため、街中に部署を分散させなければならなかった。この結果、高崎における県の業務は混乱したのに対して、前橋は明治に入っても生糸の輸出で財をなし、生糸商人らが県庁を旧前橋城の地に誘致することを提案したのだった。

今では、世界遺産となった富岡製糸場が全国的にも有名だが、実は富岡に先駆けること2年、1870年に器械による製糸場がつくられたのだ。その後、前橋では多くの製糸場が操業し、生糸の大集散地だったことから「マエバシ」と記された生糸がヨーロッパを中心に輸出されるなど、世界に前橋の名前が伝わっていたのだ。それだけ前橋には豊かな商人が多くいたということになる。

商人たちの申し出に対して、明治政府は当時のお金で10万円の移転資金を用意すれば了承するという回答をしたのだった。当時の1円をいくらに換算するかは様々な試算があるが、巡査の初任給が月額4円とされているので、例えば1円＝4～5万円とすると、10万円は40億円～50億円くらいだったと推測されるまた、別のところでは1万円が現在の20億円に相当するとしているものもある。これが正しければ明治政府が要求したのは200億円という法外な額である。

結局のところ、生糸の貿易商で、後に初代前橋市長となる下村善太郎らがなんとか半分の5万円を集め直談判すると、明治政府はあっさりと前橋城内の建物を仮庁舎とすることを了承したとされている。もしかすると明治政府は、10万円という法外な額を提示し、半分程度でも承諾しようという思惑だったのかもしれないが、なんとも地方の足元を見透かしたいやらしい手口ではある。このような体質は明治以降、平成に至るまで様々な場面でみられてきたのではなかろうか。

また、この話は群馬県令に就任した吉田松陰の義弟にあたる楫《か》取《とり》素彦《もとひこ》が交渉し、大久保利通内務卿の許可を取り付けたとされている。しかも楫取は高崎の住民に対して移転は一時的なもので、地租改正の業務が終了すれば高崎に戻すと約束していたとされている。その後、前橋の体制が整ったことから楫取は1880年11月に当時の松方正義《まさよし》内務卿に県庁舎を前橋に置くことを要望し、1881年1月、太政官布告によって群馬県庁所在地は正式に高崎から前橋に改められたのである。

高崎側はこのだまし討ちのような決定に怒り、県庁の再々移転を政府に何度も訴えたが却下されている。このこともあって、その後、前橋と高崎には様々なしこりと対抗意識が

図4－6　前橋市と高崎市の人口推移

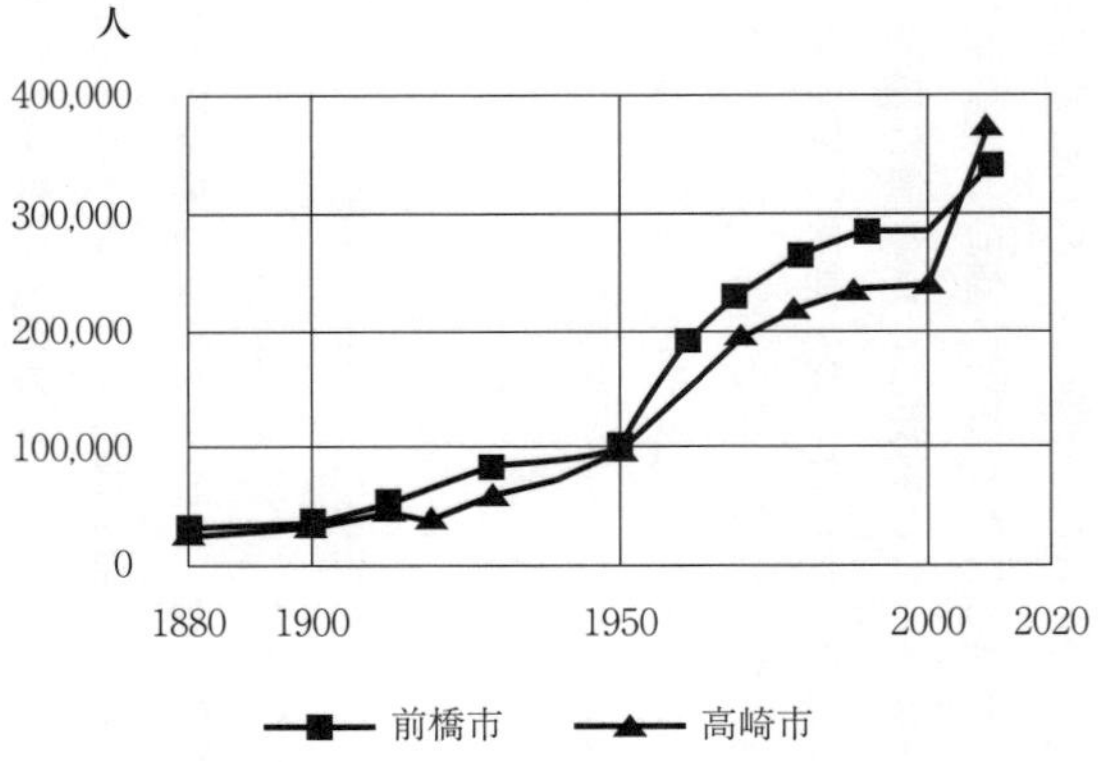

残っているのだ。

†その後の確執

前橋と高崎はともに1889年に町制施行した。前橋町の1890年の人口はすでに3万を超え、全国27番目の多さだった。一方の高崎町は48番目だった。人口が多かったこともあって、1892年、前橋のほうが一足先に市となり、高崎は8年遅れて1900年に市となった。その後も前橋市のほうが人口では勝っていた（図4－6）。

両市の確執は様々なところでみられる。例えば群馬県と新潟県を結ぶ上越線の計画を巡って両市は対立した。1916年に上越線の計画が帝国議会に提案された。当初の案では高崎からまっすぐ北上し、現在の高崎市北部の金古町《かねこまち》付近を経由して渋川駅に向かうものだった。このルートでは前橋市は通らないことになり、まさに県庁を前橋市に取られた高崎市の報復であったとの見方もあった。

当然のことながら、前橋市は帝国議会に対して経路変更の運動を展開した。結局のところ、利根川を2回渡る必要があるため市の中心部を経由させることは断念したが、前橋市域を経由するルートへの変更を実現し、1921年には渋川まで開業した。そのこともあってか、現在の前橋市はJRの駅と中心地とが中途半端にはなれてしまっているのだ。一方、上越新幹線に関しては高崎駅が経由地となり、全国的に知名度を上げていった。

車の世界でも対抗意識は見え隠れする。元々のナンバープレートは群（その後群馬に）だったが、いわゆるご当地ナンバー制度で先に誕生したのが高崎ナンバーで2006年のことだった。巻き返しを図るべく、2014年には前橋ナンバーが誕生している。

前橋市、高崎市共に人口増加を続けたが、平成の市町村合併では周辺町村との合併でどちらももめている。前橋市の場合、4町村との合併が模索されていたが、このうち富士見村では合併賛成派と反対派が激しく対立し、富士見村を除いて2004年に1回目の合併が行われた。その後、合併推進派の村長が誕生したこともあって、前橋市と富士見村が2009年に合併し、現在に至っている。

高崎市の場合、周辺町村と合併協議を進めていたが、まず2006年1月、新町など4

町村と合併し、次いで榛名町《はるなまち》と同年10月に合併し、さらには2009年に吉井町と合併した。合併が3度にわたったのは前橋市同様、合併賛成派と反対派が激しく対立し、リコールや住民投票などのプロセスを経ざるを得なかったためである。

市町村合併によって高崎市は2010年、ついに前橋市を逆転して群馬県内で人口が最多となったのだ。その後2015年の国勢調査では、両市ともついに人口減少局面を迎えている。

両市については周辺の伊勢崎市、藤岡市、玉村町《たまむらまち》とともに大合併を行い、人口100万超の政令指定都市を目指すべきという提言が経済界を中心に以前から行われている。さいたま市や新潟市が合併によって相次いで政令指定都市の仲間入りをする中で、間に挟まれた群馬県にも100万都市を構築し、道州制論議が高まる中で、道州の州都に位置づけられるようにすべきという主張だ。

前橋市と高崎市の関係は県都と新幹線停車駅の街ということで、浦和市と大宮市に通じるものがある。だが、前橋市、高崎市は必ずしも合併に積極的ではなく、これまでの様々な確執もあったからか、現在に至っている。人口減少が本格化する中、果たして大合併は実現するのだろうか。

†信濃の国の主導権争い——長野市と松本市

前橋市と高崎市以上に複雑な関係なのが、長野市と松本市ではないだろうか。廃藩置県の後、長野県の県庁所在地が現在の長野市、そして飛驒《ひだ》地方を包含した筑摩《ちくま》県の県庁所在地が現在の松本市だったということも大きく影響しているだろう。さらにいえば信濃《しなの》国の国府は松本にあったとされている。多くの松本市民にとって、長野市に県庁があることに今でも反発があってもおかしくないだろう。県庁が長野市にあるにもかかわらず、日本銀行の支店が松本市にあるということもあって、両市のライバル意識は21世紀になっても脈々と残っているようだ。

長野市は武田信玄と上杉謙信が5度にわたって死闘を繰り広げた川中島の地を有し、また、善光寺《ぜんこうじ》の門前町として発展を遂げてきた。一方、松本市は国宝松本城の城下町として、また、商業の中心地として栄えた。

明治に入り、府藩県三治制によって信濃国の旗本領と幕府領は伊那《いな》県となり、県庁所在地は現在の上伊那郡飯島町《いいじままち》に置かれた。1870年にはそのうち北信・東信地方が中野県として分立し、現在の中野市に県庁が置かれていた。

翌年の廃藩置県と第一次府県統合によって、今度は信濃国は長野県と筑摩県に分かれたのだった。当時の長野県庁は中野から現在の長野市へ移され、筑摩県庁は松本城の中に置かれていた。１８７６年に筑摩県庁舎が放火によって焼失し、そのこともあって信濃国のエリアが長野県として一つに統合された際に県庁はそのまま長野市に置かれたのだった。

松本の住民にとっては県庁を取られたという想いも強く、様々なしこりを残す結果となった。長野県内ではその後、県庁の移庁と分権ならぬ分県が大きな政治問題となっていった。１８８０年には7人の県議が北に偏在している県庁を中央部へ移庁すべきという内容の県庁移庁の建議書を提出したが、審議すらされなかった。１８８２年には筑摩県再建の建言書が出され、分県論もみられるようになった。

そして、１８８７年12月22日、完成したばかりの県会議事堂が焼失し、これがきっかけとなって県庁移転を求める声が強まった。１８８８年11月に県庁移転建議書が提出され、一度は県会で可決されたものの、移転先を上田にするか松本にするかでまとまらず、最終的には否決されてしまった。

同年12月には今度は中南信の県会議員が分県運動を起こし、元老院に分県之建白を提出した。元老院は議員46人中38人の圧倒的な賛成多数で筑摩県再置を可決してしまったが、結局のところ内務省の反対で日の目をみることはなかった。１８９０年には同じく中南信の県会議員が移庁建議書を県会に提出し、状況はエスカレートした。当時の長野町の町民が議員を襲う事件が起き、移庁派の議員が上田町に避難している間に、反対派が1891年度の予算を議決してしまった。これに対して松本町の町会では地方税納税拒否の方針を示し、抵抗の姿勢をみせた。また、5月には松本で移庁問題演説会が開催され、激昂した住民が警察署や郡長私邸を襲撃するという事件が起きた。これが松本騒擾《そうじょう》事件である。

その後、しばらくは移庁や分県の動きは沈静化したが、1933年に移庁問題協議会が松本市で開かれた。4月には移庁問題を審議する臨時県会が開催されたが、反対派議員の引き延ばし発言で時間切れとなり、結局のところ採択はされなかった。

†長野県危機一髪

1948年1月、県庁舎別館が焼失してまたしても分県運動が活発化した。まさに火事が議論に火をつけてしまったのだ。どうも長野県では県庁関係の建物が火事になるたびに移庁や分県の議論が活発になるようである。

2月県会が開催されると議会内の対立は激化し、分県委員会では賛成5、反対1で可決され、一方、長野市議会では分県反対を決議し、多数の市民が議事堂に押し寄せ南信の議員ともみあう事態にまで発展してしまった。白熱する議論の中で、知事が辞意を表明し、マスコミは乱闘議会と報じていた。当時の状況について、長野県の初代広報県民室長だった太田今朝秋(けさあき)は、2013年1月発行のインターネット版広報ながのけんで以下のように述べている。

この案が通過すれば、長野県は2つに分かれるという本会議の日に、分県に反対する北信側は約千人の県民を動員。そして、委員長が特別委員会の結果を報告するため登壇するや否や傍聴席と議会の周囲から一斉に「信濃の国」の大合唱が始まりました。これを聞いた委員長は、「信濃は一つだ」という思いが込み上げ、壇上で絶句してしまったそうです。

結局のところ、本会議では賛否共に法定数に達せず、審議未了として分県の危機は回避されたのであった。

その後も1962年に県庁舎が老朽化したことで新庁舎の建設を巡って松本市などで移庁運動が再び起こったが、全国総合開発計画で新産業都市に松本諏訪地域が指定されたことで沈静化した。国が新産業都市という飴を配って抑えたということなのだろう。このように100年近くにわたって県庁所在地争いが繰り広げられていたのである。なんとも凄いエネルギーではある。

長野、松本は、ともに1889年に町制施行された。翌年には松本町が2万6187人で47位、長野町が2万5847人で49位と、わずかではあるが松本が長野を凌いでいた。長野は1897年に市制施行したが、先の松本騒擾事件もあって、松本町の市制施行は県会で否決され、松本市が誕生するまでにさらに10年を要したのだった。1920年の第1回国勢調査では松本市が4万9999人で48位、長野市が3万7308人で80位となっていた。だが、市町村合併もあって、1925年以降は長野市が人口では常に松本市を凌ぎ、2015年には37万7598人で52位となっている。一方、松本市は24万3293人で94位となっている。

†日銀支店が松本市にあるのはなぜか

松本市では移庁や分県を主張しつつ、長野市にないものをなんとか誘致しようと画策し、1914年に日本銀行の松本支店が開設される運びとなった。

現在、日本銀行の国内支店は32ある。そのうち県庁所在市以外のものは松本市を含めて5つだが、函館市と釧路市が属する北海道には道庁の所在市である札幌市にも支店がある。また、下関市は県庁所在市ではないが、県庁がある山口市ではなく、下関市が県内で一番人口が多い。北九州市は県庁所在地でもなく、人口も福岡県でナンバー2だが、政令指定都市で合併以降10年余りは福岡市よりも多かった。

その意味では、県内ナンバー2の人口の松本市に支店があって県庁所在地の長野市には営業所しかないという状況は全国でも特異なものといえよう。ではなぜ松本市に支店があるのだろうか。日本銀行松本支店のホームページによれば長野市も支店の候補となったが、以下の理由から松本市になったとしている。原文のまま引用する。

長野県の中で松本市に支店を設置した主な理由

①製糸業の集積地であったこと

明治から昭和の初期にかけて生糸・絹製品は日本の外貨獲得のための最大の商品であり、製糸業は重要な産業でした。当時、日本銀行では、製糸業に対し金融機関を通じて積極的な資金援助を行っていましたので、製糸業の集積地であった岡谷・諏訪地域に近い松本市が選定されました。

②支店開設当初は、長野県だけでなく山梨県も管轄していたこと

松本市は、長野市と甲府市の中間に位置し、かつ関東・関西とのアクセスも良好でしたので、支店開設当時は長野・山梨両県を管轄するのに最適と判断されました。なお、現在では、山梨県は甲府支店（1945年開設）が管轄しています。

この理由はもっともなものではあるが、すでに国内の製糸業は衰退し、また、甲府支店も置かれている中で、松本支店は今後どうなるのだろうか。いずれにしても、長野市と松本市は永遠のライバルで居続けるだろう。長野市に新幹線が開業し、東京から1時間半弱の所要時間となった今日、新宿駅から松本駅まで特急あずさで2時間以内を、という松本市民の悲願はいつになったら実現するのだろうか。

四国の中心はどっちだ——高松市と松山市

地域ブロックの中心都市はどこか、ということに関しては様々な議論がある。東北6県のように仙台市が圧倒的な存在感をみせているようなところであればさほど問題はないが、県庁所在市同士の規模などが拮抗している場合、そうはいかない。しかも歴史的な因縁が浅からぬものであればなおさらだ。その代表が四国の覇権を争う高松市と松山市だろう。

この両市の確執は廃藩置県以降における香川県と愛媛県の変遷ということが少なからず影響しているのだ。高松市は高松城の城下町で、江戸時代は生駒《いこま》家がお家騒動で移封された後、松平家によって治められていた。

1871年の廃藩置県によって香川県が成立し、高松が県庁所在地となった。だがわずか2年で名東県《みょうどうけん》(現在の徳島県)に吸収され、香川県は消滅した。さらにその2年後の1875年に香川県は独立して再び高松が県庁所在地となった。しかしその翌年の1876年には、今度は愛媛県に吸収合併されてしまったのだ。当然のことながら東西に長く、風土や文化は異なっていたことから、愛媛県からの分離独立は香川の人たちにとって悲願だった。そして1888年12月3日、香川県は愛媛県からようやく独立したのだった。

香川県は全国で最後に誕生した県で、この17年間で4度も合併と独立を繰り返したのである。「名東(夫婦)別れて愛媛に身売り香川は再び里帰り」という都々逸《どどいつ》まで生まれる始末であった。

一方、松山市も松平家で松山城の城下町として栄え、廃藩置県では愛媛県の東側が松山県に、南西側が宇和島県《うわじま》となり、松山県の県庁所在地は松山に置かれた。1872年に松山県は石鉄県《いしづち》に、宇和島県は神山県《かみやま》となり、翌年に両県は合併し愛媛県となった。そして1876年に香川県を併合して〝大〟愛媛県となったのである。

1888年に両県は分離し、香川県と愛媛県に分かれたが、この12年間は香川県民にとっては何とも息の詰まる時だっただろう(図4-7)。鉄道もない時期に高松から松山まで行くのには海路であれ、陸路であれ相当時間がかかったはずである。

高松も松山も最初の市制施行地に指定されていたが、それぞれ手続きが遅れ、松山市は

図４－７　**四国の変遷**

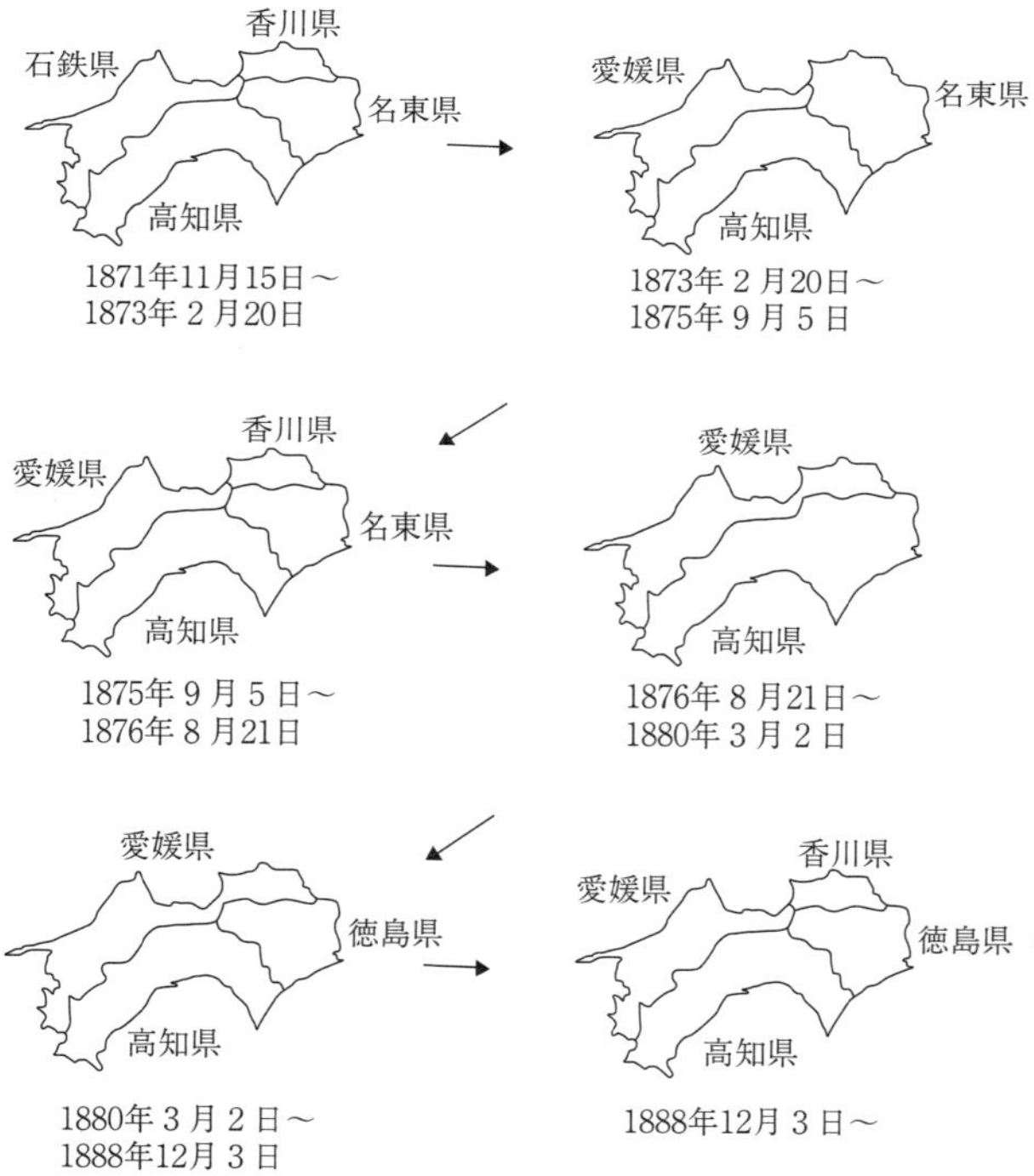

注　島嶼部は除く。

図4－8　戦前の高松市と松山市の人口推移

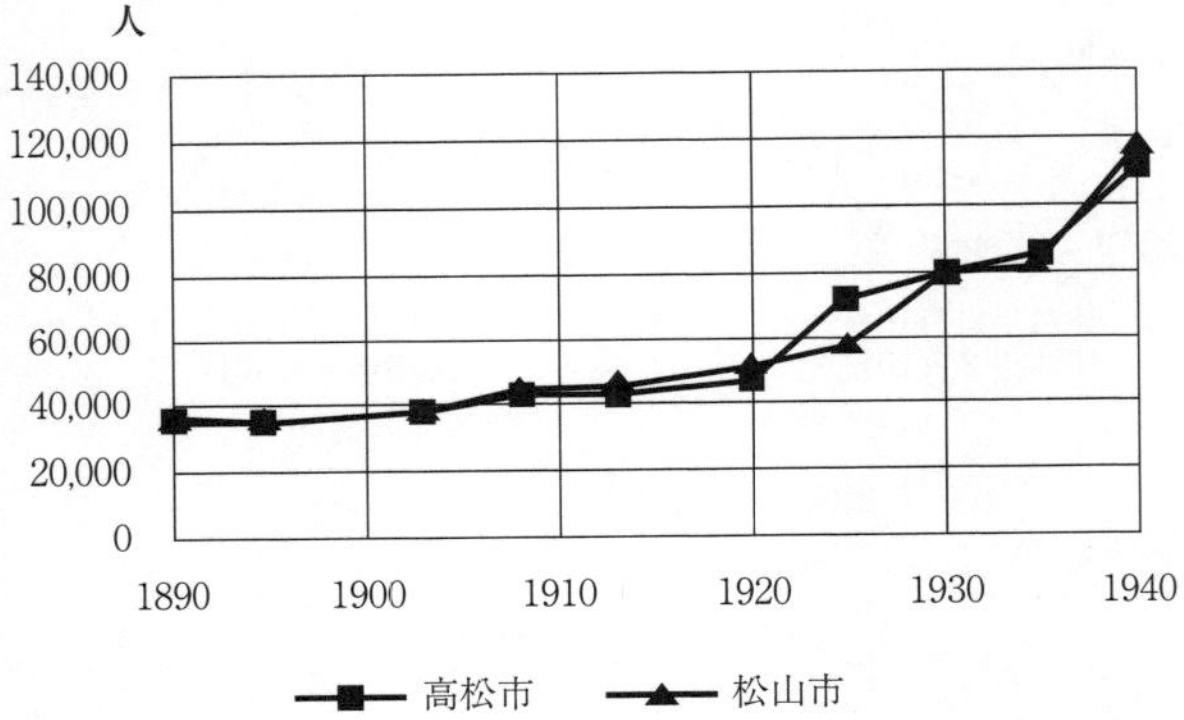

1889年12月に誕生し、高松市は翌年の2月に持ち越された。1890年末の人口は高松市が3万4616人で25位、松山市はそれより53人少ないだけで26位だった。人口規模が近いということもお互いの闘争心に火をつけたのだろうか。おおむね5年間隔で調べてみると、戦前にはなんと6回も抜きつ抜かれつを繰り広げ、1940年以降は松山市が人口では高松市を常に凌いでいる状況にある（図4－8）。

戦後一貫して人口では勝っている松山市ではあるが、高松市に比べると支店の数は少なく、特に国の地方支分部局（いわゆる出先機関）に関しては圧倒的に高松市が勝っている。松山市には旧郵政省の四国総合通信局があるくらいで、そのほかは四国森林管理局が高知市にあるのを除けば、高松市かあるいは中四国ブロックということで広島市ないし岡山市に置かれている。通信系の出先機関があるということもあってか、NHKの四国のニュースは松山放送局が仕切っているものの、松山市民にしてみればなぜ人口の少ない高松市に支店や出先機関が集まっているのかと憤懣《ふんまん》やるかたないだろう。

高松市のほうが関西方面とも近く、以前は宇高連絡船で岡山県とつながり、そして1988年からは瀬戸大橋によって鉄道と自動車道が四国と本州を結んでいる。一方、松山市には中国地方と結ぶ橋はなく、高松市のほうが地の利があるからこそ多くの支店が集まっているのである。

†高校野球にみる熾烈なライバル関係

高松市と松山市の確執はこれだけではない。野球の世界、それも甲子園を目指す中で香川県と愛媛県がライバル関係にあり、さらにそれを代表するのが高松商業と松山商業だった。現在では高等学校が真紅の優勝旗を目指す夏の甲子園、第1回の1915年から1947年までは全国中等学校優勝野球大会だったのだ。この時期、四国4県の学校が競い合い、優勝した1校だけが甲子園に出場できるという枠組みだった。

第1回は高松中（現在の高松高等学校）が四国大会を制し、第2回、第3回は香川商業（現在の高松商業高等学校）が連覇を果たした。そして事件は1918年の第4回大会予選で起きた。決勝戦は今治《いまばり》中と丸亀《まるがめ》中が対戦した。3回の丸亀中の攻撃中、丸亀中の打者走者と今治中の一塁手が衝突し、丸亀中選手のスパイクによって今治中一塁手が負傷したため、丸亀中は棄権を余儀なくされた。その時のスコアは11対2で丸亀中が勝っていたのに悔いの残るものとなったのだ。この結果、今治中が初の四国代表となったが、全国大会は米騒動のため中止になってしまった。

翌年の第5回は香川県勢の参加を県知事が対外試合禁止令を出したためにかなわず、1920年の第6回から香川県勢は大会に復帰した。しかしながら再び香川と愛媛との間で騒動が起こることを恐れて、一次予選として香川・徳島両県による東部予選と、愛媛・高知両県の西部予選を行い、さらに両予選の勝者が争う決勝戦を当時の全国大会会場であった鳴尾《なるお》球場で行ったのだ。これはできるだけ香川県勢と愛媛県勢が顔をあわせないようにという配慮だったようである。

このころの香川県と愛媛県の野球を巡る対抗心は相当エスカレートしていたのだろう。1919年から6大会連続で松山商業が優勝した後は高松商業と高松中が交互に優勝し、同様に5回連続香川県勢が四国の頂点に達したのである。

結局のところ、四国大会が行われた28回中、愛媛県の優勝が13回、香川県が12回と戦績は拮抗していた。一方、決勝で愛媛県勢と香川県勢が戦ったのが14回で、愛媛県の10勝4

敗と圧倒的に愛媛県が優勢となっている。さらにこのうち松山商業、松山中（現在の松山東高等学校）の松山勢と高松商業、高松中の高松勢は10回対決し、やはり松山勢が7勝3敗と勝っていた。

話はこれで終わらない。1948年から対象が高等学校となったが、今度は北四国大会、つまり愛媛県と香川県で甲子園の1枠を争うことになってしまったのだ。これは1975年まで続くが、この期間中の4回の記念大会は1県1校だったため、それ以外の24回は愛媛県勢と香川県勢でそれぞれ予選を勝ち残った2校ずつが甲子園の切符をかけて戦ったのである。これもやはり愛媛県が14勝10敗と香川県を凌いでいるが、甲子園の出場に関しては松山勢、高松勢ともに6回と同数になっている。また、1県1校のときも含めると高松が9校、松山が7校と形勢が逆転するものの、甲子園の戦績では松山勢が優勝3回、準優勝が1回に対して、高松勢はベスト4が3回と、圧倒的に松山勢に軍配が上がっている。

このようにだれの目からみてもライバルである高松市と松山市、平成の市町村合併では周辺町村を編入し区域を拡大している。2015年には高松市の人口が42万7486人で42位、松山市は51万4865人で28位となっている。四国の雄を競っている両市ではあるが、道州制が仮に実現したとして、本当に四国州という形になるかは定かではない。

†ライバル競争の功罪

スポーツの世界でも、ビジネスの世界でも、一般的にはライバルの存在はお互いを鍛え、成長の糧《かて》となる。それでは都市の場合はどうなのだろう。地域間競争の時代といわれる中で、都市もイメージアップやトップセールスなど、企業と同じような動きをみせている。企業誘致から移住促進、観光振興まで、外から人やモノを呼び込むためには様々な手法を用いたマーケティング戦略が不可欠となっている。

当然のことながら、同じような戦略を考えているところは少なからずある。特に近隣の似たような状況にある都市は、まさにライバルということになるだろう。自分の都市の工業団地に企業を誘致し、温泉地には数多くの観光客を招き入れたいという思いに共通するものがあるだろう。

お互いが競いあうことでよりよい政策に結びつき、結果として地域経済が活性化すれば万々歳、ということになるが、実際はそう簡単なことではない。互いに似たような取組みをすることによって、結果として共倒れということにもなりかねない。

ここで取り上げた事例の中で興味深いのは、県庁所在地を巡る都道府県と都市の相克であろう。群馬県では高崎→前橋→高崎→前橋と3度にわたって実際に県庁所在地が変更となり、高崎の意向を完全に無視したような形で群馬県庁を前橋に移してしまったことはその後に大きな禍根を残すこととなった。だが、前橋市に県庁所在地を取られたからといって高崎市が発展しなかった訳ではない。むしろ、地の利などを生かして前橋市以上に経済的に存在感を持つ都市になったのではないだろうか。ライバル都市の存在というものがプラスに働いたという評価もできるだろう。

長野県の場合、何度となく県庁を長野市から松本市に移す、あるいは分県するという運動が展開された。県を二分するような動きはそもそも信濃国が長野県と筑摩県に分かれていたことが大きな理由ともいえるが、県庁や関連施設が火事で焼失したり、大規模改修が必要となると必ずといっていいほど県庁所在地のあり方が議論になっていた。

この遠因として、そもそも明治期に県庁所在地を決める際に県庁にふさわしい建物や場所があるかが重要なファクターとなっていたということがある。また、旧藩などが徳川方か否かという理由も大きなものだった。しょせん当時の府県は国の実質的な出先機関であり、トップは明治政府が任命した者が派遣されたため、国の組織の一部である道府県は国の意向に沿った形で県庁所在地を定めていたのである。

県庁以外の公共施設をどこに配置するかということも都市にとっては重要なテーマだ。県庁所在市が都道府県内で人口が一番多いことがほとんどで、利用者の多さや利便性などが考慮され、文化会館や各種スポーツ施設は県庁所在市に建設されることが多かった。

高度経済成長期以降、自治体の財政にも余裕がみられるようになってくると、様々な思惑から県庁所在市以外に立地するケースが増えてきた。特に県内に2つ目、3つ目の類似施設をつくるような場合は県庁所在市以外が選択されることがほとんどで、公共施設の誘致合戦が都市間で起き、知事や市町村長、県議会議員はもとより、県選出の国会議員までが絡み、政治的な思惑で決定されることも少なくなかった。

だが、人口減少とともに地方財政が厳しさを増す中、今後は新たな施設がどんどんつくられるというよりは、県立病院や県立高校の再編といった縮み志向の動きが強くなってくる。施設がなくなることで市町村の活気がなくなってしまうという危機感は大きい。すでに都道府県立の高校が廃校になるのに合わせて市町村立に移管して、地域の活力を維持しようとする動きは表面化している。第三章で触れた三笠市の三笠高校もその一つだ。

都市間競争の時代は、都市同士だけでなく、都道府県との関係、場合によっては都道府県との競争もますます激しくなるのかもしれない。次章ではこれまでの分析を踏まえ、このような厳しい時代にどのような都市が生き残るのか、その条件について検討を加えることとする。

第五章　人口減少時代に生き残る都市の条件

1　変わる、変える「都市の価値」

†人口増がバロメーターでなくなる？

これまで、東京ひとり勝ちの現状を様々なデータで分析し、市町村合併など地方にインパクトをもたらした地方自治の動きを整理してきた。そして国策によって地方都市が翻弄されてきたという歴史から学ぶべき点を確認した上で、今、比較的勢いのある都市を中心に、競争という観点から地域の活性化のあり方を俯瞰してきた。これらの分析・検証を踏まえ、本格的な人口減少時代に都市、特に地方都市は生き残れるのか、生き残るためにはどのような条件をクリアすべきなのか、さらには東京はどうあるべきなのか、共倒れにならずに東京と地方はどのように共生すべきなのか、について私見を交えることとする。

これまで当然のように人口が増えることは都市が栄えている証と受け取られてきた。あるいは人口が多いほど、都市の格は上であるとみる風潮があった。確かに人口が増えれば一般的には税収増が期待できる。地方交付税の算定にも人口が使われ、人口増は地方交付税の額の増加につながっている。

だが、人口が増加するといっても、例えば現在、国も推奨している生涯活躍のまちと呼ばれる元気な中高年層の移住が中心となる場合は、税収増があったとしても一時的で、将来的には介護保険など福祉に関する経費が増加して、必ずしも自治体の財政にプラスになるとは限らない。間違っても現代版姥捨て山のようなことになってはいけない。これは労働力不足だからといって、やみくもに外国人労働者を受け入れることも同様だ。外国人も当然のことながら住民である以上、納税の義務と共に行政サービスを受ける権利を持っている。外国人住民にとって望ましいサービスの提供ができなければ大きな社会問題となる。受け入れる企業などの経済的な負担についてもしっかりと枠組みを作っておかないといけないだろう。

そもそも、日本全体が人口減となる中で多くの自治体では単純に人口増を目指すという方向には向かっていない。少しでも減少幅を減らす、あるいは人口は減少しても持続可能な地域社会の運営を目指すといったことが標榜されているのだ。もはや人口増が目指すべき最大の目標にはなり得ないのである。また、経済的な豊かさというものも、もちろん望ましい状況ではあるが、人口が減り、高齢化が進む中で、多くの地域では身の丈に合った地域経営に転換せざるを得なくなる。

そうすると、人口は減っても地域の活力が一定程度、要はほどほどに維持されていることが都市の繁栄といえなくもないだろう。ここではそのような新たな指針も念頭にいれながら、生き残る都市の条件について考察を行っていきたい。

†人口でなければ何がバロメーターか

人口増加都市が例外的な存在となりつつある中で、都市として栄え、そして持続可能な地域社会が続くという観点からは、何を繁栄のバロメーターとすればいいのだろうか。もちろん、滅びの美学、という視点もないわけではないが、ここでは地域がそれなりに活性化することが望ましいとする立場なので採用しない。

結論から先にいえば、これという絶対的な決め手となるような指標はもはやないということだろう。人口増は望ましいものではあっても、そればかりを追い求めても都市は元気にならない。あるいは一人当たりの所得といっても、東京のように地価の高いところと地方とでは状況はまったく異なる。家庭菜園などである程度の自給自足ができるような地域のほうが、大都市に比べると住民の健康面や生きがいなどの面で幸福度、充実度が高いとも考えられる。

こうなると人口減少を前提として、地域の実情に応じて、地域のもともとある資源を最大限活用して地域やそこに生活する人々を元気にする、そのような指標をそれぞれの地域なりに設定するのがベストではないにしてもベターなことではないのか。今人口増に沸いているベッドタウン都市もいずれ一気に高齢化が進行し、遊休施設の扱いなどでも大きな課題を抱えることになる。これからの時代、もはや人口増をうらやましがる必要はさらさらないのだ。

それでは、都市の繁栄度などを都市間で比べることすらできない、と思われるだろう。確かに比較は難しくなる。だが、それでいいのではないだろうか。それぞれが、人口増という単純な指標ではなく、思い思いの目標を定め、それに向かって取り組む以外に地域の活性化は難しいのではないだろうか。

ある都市は観光客数を増やすということでもいいだろうし、ある都市は観光に限らず、様々なかかわりのある外部の人の数を増やすということでもいい。あるいは、情報の発信によって、SNSなどによるデータを増やす、ふるさと納税の額でもかまわないだろう。そもそも右肩上がりの成長時代は終わったのである。設定した指標が増加しなくても、この程度の水準を維持するといった、まさに右肩下がりの時代にふさわしい目標設定というのがあってもいいだろう。場合によっては、数値化できないものでも構わないのかもしれない。人間そのもの同様、いかに地域社会が元気であるか、という中身に関することが大事だと地域で合意形成ができればそれも一つだろう。

ただ、目標を定め、その成果をきっちり検証すべきという立場からすれば、数値などである程度可視化できたほうが望ましいのはいうまでもないことではある。成果というものを特に外部からみえるようにすべきというのは、国などお金を出す側からすればある意味当然の要求ではある。だが、これが過度に求められると、いわゆる評価疲れのような負の連鎖に陥ってしまいがちなので注意が必要だ。

†都市のサポーターを摑め

比較的数値化しやすいのはいわゆる交流人口である。交流人口とはその地域を訪れる

（交流する）人の数で、一般的な人口（定住人口）とは異なる。交流人口は定住人口ほど客観的に捕捉できるわけではないが、様々な工夫をすればそれなりに満足できる指標とすることも可能だ。

現在よりもこれからの交流人口をより多くする、それもただ単に来てもらうだけでなく、来た人の満足感といった質の面も意識しながら取り組むべきではないだろうか。特に東京など大都市に暮らし、日々の通勤ラッシュや様々なストレスで疲弊した人々にとって、地方は息抜きだったり、心身ともにリフレッシュできる場所という認識だろう。そのような人々の憩いの場として、つながりを持つ工夫は大切だ。

単純に考えれば、観光などで訪れる人が一回だけでなく、繰り返し来てもらえるよう、地域のファンになってもらうための努力は欠かすことができないだろう。東京などに都道府県はもちろんのこと、地方都市のアンテナショップが増えているのは、まさにそのための方策だ。地域の魅力はなかなか都会で伝わっていないものが多い。ＳＮＳの活用も含め、効果的な情報発信が欠かせない。

最近では観光の内容も多様化していて、特にヘルスツーリズムという分野に注目が集まりつつある。都会の生活で疲れた人が週末などに地方に繰り返し来て、リフレッシュして戻っていくような取組みは新たなスタイルの観光として多くの人を魅了している。私が政策のアドバイザーをしている群馬県みなかみ町でもみなかみGO WILD!プロジェクトと銘打って、自然や景観、温泉やアウトドアスポーツ、そして果物や野菜などの食材といった豊富な資源を様々に組み合わせ、ヘルスツーリズムとして利根川で繋がる首都圏で働く都市生活者の心身をリフレッシュしてもらうことを目指している。

なんといっても、東京駅から新幹線で最短66分、ラフティングやカヌー、キャニオニングに登山、トレッキング、さらにはバンジージャンプとありとあらゆるアウトドアスポーツが楽しめる。冬になればスキーにスノボ、スノーシュー、バックカントリーと名実ともに東京から一番近い雪国だ。日帰りはもちろん、みなかみ18湯を満喫しながらゆっくりと泊ってリラックスするのもお勧めだ。

二か所居住などで都市と地方の両方の良さを満喫する人も増えている。週末は地方でのんびり過ごすというライフスタイルももっと広がっていくだろう。すでに多くの自治体では交流人口の増加を政策目標に掲げるようになっている。また、最近では関係人口ということもいわれている。これは、一般に地域に関わってくれる人口として交流人口よりもう少し広い意味で使われることが多いようだ。

交流人口であれ関係人口であれ、あるいはファンであれサポーターであれ、様々な関わり合いを持つ人を増やしていく中で、一部は定住・移住につながり、多くはそのまま都市部などに住み続けていくという想定だろうか。このような関わりを持つ人の数を増やすためには、地方には、それぞれの人の価値観に応じた緩やかなネットワークを培うことがますます必要になってくる。そのためには、排他的、閉鎖的と思われがちな地方の住民の意識改革が欠かせない。昔ながらのムラ社会意識からの脱却こそが、地方生き残りのカギの一つとなるだろう。

さらにいえば、人口370万を超える横浜市から160人余りの東京都青ヶ島村まで、自治体の組織の形がみな画一的ということもそろそろ見直す時期に来ているのではないだろうか。どこの自治体も首長と議員を別々の選挙で選ぶというスタイルを踏襲し続ければ、いずれ議員の成り手も地方ではいなくなってしまう。実際、人口約400人の高知県大川村では、議会にかわる町村総会の設置も検討された。場合によっては憲法改正ということにもつながるが、アメリカの小規模自治体のような公選首長の代わりに議員の中から選ばれる議長が自治体の代表者となり、行政のプロであるシティ・マネージャーに実質的な行政運営をまかせるなど、柔軟な選択ができるようにすることも検討の余地があるはずだ。

†ふるさと納税という「劇薬」

交流人口が注目されるようになってきた中で2008年に誕生したのがふるさと納税だ

った。納税という名称がついているが、実際には納税者が応援したいと思う自治体に寄付を行い、その大部分が控除されるという仕組みだ。もともとは西川一誠福井県知事の発案だ。地方で生まれ育った人が、大人になると都会へ出ていって人口も税金も都会に集中してしまう。しかし、都会に住んでいる人でも、いわば、生れ故郷への恩返しとして、住民税などの一部を地方に納税できないだろうか、という思いから生まれたものだ。

当初はあまり注目されていなかったが、制度改正によって使い勝手がよくなり、また、寄付に対する自治体の返礼品が充実していったこともあって、２０１３年頃から額が順調に増加し、２０１７年度には約３６５３億円、前年度比28％増となっている。自治体によっては10億単位の増収になっているところもあって、２０１７年度に一番多かった大阪府泉佐野市に至っては、約１３５億円の増収となっている。一方、東京の自治体の中には１００億規模の減収になっているところもある。

過熱気味のふるさと納税に対しては、寄付金額の9割相当の返礼品を提供したり、地元とは関係のないような製品を返礼品にするなど返礼品競争が激しくなり、さらには高額納税者の節税対策に過ぎないなどといった批判も強まり、国も歯止めをかけるよう通知を出すに至ったのだ。

確かに東京などには多くの高額納税者が住んでいる。この人たちがすべてふるさと納税で限度一杯の控除を受ければ、大きな痛手となるのは明らかだ。だが、控除される割合は納税額全体の一部に過ぎない。これが全額、あるいは半額となれば節税どころか、脱税ともいうべき事態とみなすことも可能だろうが、実際には個人住民税所得割のおおむね2割が上限だ。諸外国に比べて寄付の文化が定着していないといわれる日本にこのような風習を一般の人にも知らしめたという点は大きく評価できるだろう。

税収減になってしまう大都市の不満もわからないではないが、納税者に実質的に納税先を選択できることを可能にしたふるさと納税は、返礼品の地元製限定を厳格に運用し、宿泊などに使える金券も転売防止に努めるなど一定の歯止めを担保すれば、もっと積極的に活用してもいいのではないだろうか。個人的には返礼品の割合も国がいう3割ではなく、世間的な常識の半返し（5割）は許容してもいいように思える。

いずれにしても、ふるさと納税の使いみちもより明確に示すことで、自治体がふるさと納税の額を競い合い、結果として多くの住民が税金の使われみちに関心を持つことが、地域の活性化にもつながるだろう。大都市であってもどんどんふるさと納税を競い合えばいいだろう。

そもそも、都市住民がふるさと納税を多くするのは単に返礼品目当てだけなのだろうか。もしかすると大都市での税金の使われ方に不満や問題意識をもっている側面も少なからずあるのではないだろうか。

実際、地方自治の専門家の目からみれば、地方の多くでは行革などコストカットに大都市よりもはるかに努力している。もはや雑巾をしぼっても水がほとんど出てこない状況にあるが、大都市では給与水準や基金残高、職員数、特にその中でも現業職員の多さなど、まだまだ濡れ雑巾の状況にあるのが現実の姿だ。実はふるさと納税というのは行政運営のあり方への問題提起でもある。

まさにふるさと納税は納税のあり方、寄付のあり方、そして行政のあり方を考えさせるという意味では劇的な薬なのだ。

2 都市の繁栄は

†焼畑まちづくりはもう終わりにしよう

都市の価値が変わりつつある中で、都市の繁栄はどうあるべきなのか。まずは地方都市についてその条件を考えてみよう。

人口減少社会の中で、縮むパイの取り合いは一層激しさを増している。特に経済的な面からみれば、多くの地方商店街は壊滅状態だ。一方、郊外には相変わらずショッピングセンターが数多く立地している。広い駐車場スペースが確保できて地価が安く、交通の便が良いところに建設されやすいが、このような出店に対してもう少し規制ができるような権限を自治体に与えるべきではないだろうか。

実際、ヨーロッパではちゃんとした計画がなければ開発できないといった原則が徹底されていることもあって、日本ほど郊外型のショッピングセンターは建設されず、むしろ、街の中心に誘導されるケースが少なくない。例えばイギリスをみると、バーミンガム市やマンチェスター市といった大都市では、中心市街地の再開発で大型のショッピングセンターが建設されている。

自治体の側が現行の都市計画の制度を十分活かしきっていないという側面も少なくないが、郊外型のショッピングセンターに関しては誘致したい市町村と規制したい市町村の利害が対立しがちなだけに、都道府県の広域的な調整も含めた、郊外の大規模開発に関する法的権限をもっと強化すべきである。要は開発してダメになったらまた別のところに移るといったような、焼畑開発、あるいは焼畑まちづくりともいうべきスタイルを改め、街中を元気にする取組みをしやすくするのである。

大型店舗を一方的に排除するのではなく、駅周辺や中心市街地にバランスよく誘導するために自治体が様々な優遇策を講じれば、大型店舗側にも商店街側にもそれなりにメリットがあるはずだ。このような取組みは少しずつ地方都市でも始まっている。

また、市場と広場は街に欠かせない必須のアイテムだ。街を生き生きとさせるのは人の賑わいであって、両者はまさにその象徴だ。京都市や金沢市はもちろんのこと、仙台市などでも中心地の市場は人出が絶えない。また、高知市のひろめ市場のようにわざわざ市の中心部に市場をつくったり再整備するところも最近は増えている。広場がある街も魅力的だ。ヨーロッパの街の多くでは市役所前の広場がちょっとしたイベント広場として活用されている。例えばベルギーのブリュッセル市役所やオーストリアのウィーン市役所前の広場は、冬になると特設のスケートリンクとなって多くの市民が楽しんでいる。常設の豪華な施設を作らなくても街を元気にする手立てはいくらでもあるのだ。

これまで日本の場合、都市の商店街振興組合などが様々なイベントを仕掛けて買い物客を呼び戻そうとしてきたが、本来、商店は本業回帰でお店の魅力づくりに専念したほうがいいだろう。餅は餅屋、である。そして、まちづくりは自治体を初めとしてお店以外の関係者がもっと本気になって取り組まないといけないのだ。

†地方都市の生き残りは

では、地方都市生き残りの条件は何だろう。これまでも再三述べてきたが、地域の個性を大事にして地域のあるものに光を当て、それを地域の宝物として住んでいる人たちがちゃんと認知し、磨きをかける、ないもの探し、国や都道府県へのおねだりではなく、地域の魅力の再発見という地味で時間のかかることに取り組むことが一番なのだ。

もちろん、これだけですべてうまくいく保証はない。また、都市の置かれた状況にあった選択をしなければ、単なる先進地の「猿真似」では長続きしないことはこれまでの地域振興の歴史をみれば明らかだ。

新しいことを一切すべきでない、ということではない。一時期、自治体が文化ホールやスポーツ施設、コンベンションセンターなどいわゆる箱物を乱造したにもかかわらず、十分活用されていないとして箱物行政に対する批判が高まっていた。だが、箱物は上手に活用されれば、地域活性化にもつながるものである。

生き残るためにどのような条件が必要なのか、ここでは前者の魅力の再発見の例として、長野市のリノベーションと大分県豊後《ぶんご》高田《たかだ》市の昭和の町、そして後者の例として高崎市の中心市街地活性化の取組みから何が学べるか考えることとする。さらに、三笠市のように高校の魅力化で15歳に選択される都市づくりを進めるケースを取り上げる。

†リノベーションが花盛り――長野市善光寺門前

近年、リノベーションまちづくりという取組みが全国各地で盛んになっている。これは遊休不動産をリノベーション（建築物の改造など）の手法を用いて再生することで、産業振興、雇用創出、コミュニティ再生、エリア価値の向上などを図る取組みのことといわれている。その先駆けとなったとされているのが北九州市だが、独自の取組みで地域の実情に即した形で進んでいるのが、長野市の善光寺門前のリノベーションだ。

もともと長野市は善光寺の門前町として栄え、第2次世界大戦でも空襲に合わなかったこともあって古い建物が多く残っている街だ。1998年の長野オリンピックでは都市開発も進められたが、一方、バブル経済崩壊後の不況によって、長崎屋、西武、ダイエーと相次いで大型店の撤退が進み、中心市街地の活性化が大きなテーマとなっていた。

行政主導のまちづくり会社による取組みも一定の成果を挙げているが、それとは別に資本をあまり持たない若者が古い木造建築の建物を自分たちで改修して、小物店やレストラン、バーなどが次々とオープンしているところに善光寺門前のリノベーションまちづくりの特色として挙げられる。実際、長野市内で魅力的な飲食店の多くはこのようなリノベーションで生まれ変わったところだ。

まちづくりの成功事例として行政主導で第三セクターを立ち上げ、中心市街地に核となる集客施設をつくるなどコンパクトなまちづくりが流行りとなっている。これはこれで活性化のためには重要な取組みだが、どこでも上手くいっているわけではない。長野市の場合は、どちらかというと自然発生的なもので、この流れを支える二つの雑誌などの編集組織の存在が大きいのだ。一つがリノベーションの先駆的な存在で、長野・門前暮らしのすすめプロジェクトを進めているナノグラフィカであり、もう一つが月刊雑誌『ＫＵＲＡ』を創刊し、街角活性化企画プロジェクトを進めている、まちなみカントリープレスだ。

空き家の利活用の課題はいくつかあるが、その中で特に重要なのが地域社会の理解だ。この二つの編集組織が家主と若者などの起業家との間に入り、一種の触媒のような役割を果たし、門前の活性化に貢献しているのだ。このほか、空き家などの不動産を仲介し、かつ、リノベーションの仕事もしてくれるＭＹＲＯＯＭという会社の存在が門前のリノベーションを加速させた。ＭＹＲＯＯＭは、オーナーが納得するまで細かな対応を行うことで、オーナーの不安を解消することを通じて多くの空き家物件を事業化してきている。まさに社会的企業である。

大手デベロッパーであれば古い建物を全部取り壊して、新しいビルを建てて手っ取り早く収益を上げようとするのに対して、善光寺門前では様々な関係者が得意分野を生かしてサポートするというネットワークが構築されている。リノベーション物件を掲載している『続古き良き未来地図』(風の公園出版、2018)には80の物件と100あまりの店舗、オフィス、住宅などが楽しいイラスト入りで紹介されている。

コンパクトシティの成功事例として富山市や高松市丸亀町などがよく紹介されるが、これらの街よりも善光寺門前のほうが歩いていてワクワク感を持つのは私だけだろうか。門前では民間の、それも若い世代が主導で、しかも行政コストはあまりかけずに、創意工夫と自由な風土の元でリノベーションまちづくりを楽しんでいるという感じがするのだ。

もちろん、長野市全体では2017年現在で空き家が8000棟を超えるなど、厳しい現実は変わらない。だが、善光寺門前のような取組みを参考に、地域の資源に光を当てることで地方都市ももっと輝けるのではないだろうか。

†昭和の町で活性化を目指す——豊後高田市

地方の小さな街で頑張っている代表例が大分県豊後高田市だろう。大分県の北部に位置していて、海上交通の便がいいこともあって、昭和30年代までは国東《くにさき》半島で一番栄えていたが、時代の波に取り残され商店街も寂れていったのだった。ここでも郊外の大型店の進出と過疎化の影響は深刻だったのである。

そのような中で２００１年に豊後高田市は、昭和30年代以前に作られた商店が７割ほど残っていたということを逆手にとって、昭和の町を再現して地域の活性化を図ろうと試みたのである。当初は７店舗からスタートした昭和の町認定店は44店舗に増え、年間約40万人の来訪者を迎える商店街として活気を取り戻している。昭和の町では以下の４つの昭和の再生をコンセプトとして掲げている。

その一つが、昭和の建築の再生だ。多くの店舗は、昭和30年代以前の建物の外壁だけをリフォームするということをしていたため、外壁をはずすだけで建築当時の建物がよみがえる。このようにして店が建てられた頃の昭和の建物を再生しているのだ。

次に、昭和の歴史の再生で、これは大分県が平松前知事の時に提唱していた一村一品運動になぞらえた、一店一宝というものだ。店の歴史を物語る昭和のお宝を一店一宝として店頭に展示するという取組みで、例えば、電気店では、冷蔵庫・洗濯機・白黒テレビの「三種の神器」を展示しているのだ。

３つ目の昭和の商品の再生は、同様に一店一品と称されている。これは、その店ならではの昭和の頃からの逸品を一店一品として販売する取組みだ。

最後が昭和の商人の再生である。街歩きの楽しみの一つに人との出会いがある。ここでは、客との会話を通じて心を通わす昭和の商人を再生するという取組みも行っている。

昭和の町の特徴は、もともとある昭和の商店というものを地域の宝として認知し、ハード整備にあまりお金をかけていないことが挙げられる。米蔵として建てられた農業倉庫をリノベーションして昭和ロマン蔵として展示施設やレストランに活用しているのがハード事業の主なものだ。このほか、レトロなボンネットバスを運行して昭和の風情を醸し出している。

バブル期、リゾート狂騒曲ともいわれた80年代後半から90年代にかけて、全国各地で建設が進められたテーマパークの多くは今は跡形もない。新潟県にロシアやトルコに関するテーマパークがあったことは、ほとんどの人が知らないだろう。地域にあまり関係のないものを作っても長続きがしないということなのだ。

豊後高田市はバブル期のテーマパークに対するアンチテーゼのような存在なのだ。ここでも地域の宝を大事にすることが鍵となっている。

†県と市がもくろむ北関東の「首都」――高崎市

長野市や豊後高田市と異なった方向で生き残りをかけているのが高崎市だ。前橋市に対する強いライバル意識を持ちつつも、上越新幹線と北陸新幹線の分岐点として、また、高速道路でも関越自動車道と北関東自動車道の分岐するジャンクション（ＪＣＴ）を有し、すぐ南の藤岡ＪＣＴでは北信越自動車道が分岐するなど、北関東の交通の結節点として着実に発展を遂げてきた。

その一方で、群馬県は人口一人当たりの乗用車数が全国一となるほどの車社会で、高崎市も郊外にイオンモールができるなど、中心市街地の空洞化は大きな課題となっている。そのような中で、高崎市、そして群馬県は大きな賭けに出ている。

まず、２０１７年に高崎駅から南に徒歩７分のところに高崎アリーナという体育館を市が建設したのである。収容人員は６０００人ほどの規模でバスケットやバレーなどの世界レベルの大会も開催が可能だ。

次にできるのが高崎文化芸術センターだ。高崎駅東口から歩いて数分のところに、音楽の街高崎を象徴するハイスペックの２０００席余りの音楽ホールが２０１８年度中に完成する予定だ。高崎市といえば、１９４５年に群馬交響楽団が設立されるなど、音楽活動が盛んなところだ。そして高崎駅とはペディストリアンデッキでつながっていてアクセスも最高だ。

そして真打ち登場ともいうべき存在が群馬県の肝いりで建設中のコンベンションセンター、Ｇメッセ群馬だ。高崎競馬場の跡地に北関東最大規模の１万㎡の屋内展示スペースを持つ施設で、新潟市にある朱鷺《とき》メッセよりも大きい。1万人程度のコンサートも可能だ。しかも屋外展示スペースも広く、駐車スペースも2000台以上だ。高崎駅から歩いて15分のところにあって交通の利便性も抜群だ。長野や栃木、新潟、そして埼玉などからも多くの人が訪れるだろう。

これだけハイレベルなアリーナ、ホール、そしてコンベンションが新幹線の駅周辺に相次いでつくられるというのは群馬県と高崎市の強い危機感と思い入れがあるからなのだろう。まさに北関東の「首都」づくりのような勢いだ。群馬県は一人当たりの県民所得も10位前後と高く、災害も比較的少ないなど環境には恵まれているが、地域のイメージが薄いからかブランド力に課題があるといわれてきた。

そのような中で、高崎市に一点集中の投資というのは反対も少なくなかっただろうが、選択と集中の時代に合致した政策とも評価できるだろう。中途半端なものはつくらないという強い意志が感じられるのだ。

高崎市と長野市はどうも正反対の方向で活路を見出そうとしているようだ。ハード中心の高崎市に対して、長野市はどちらかというとソフト中心、そして主体は、高崎市は行政中心で長野市は民間中心、かける経費も相当違いがある。果たして、どちらの都市が10年後、そして20年後に輝いているのだろうか。

†15歳に選択される都市づくり——島根県海士町など

第三章で触れたように北海道三笠高校のような魅力的な高校づくりを進めて、15歳（中学3年生）に選択されるような都市づくりを目指しているところが増えている。その中でも先駆けというべき存在は、都市からの移住政策に成果を挙げた島根県海士町《あまちょう》にある島根県立隠岐《おき》島前《どうぜん》高校だろう。

海士町は、一時期は財政危機で夕張市のように財政再建団体への転落も懸念されていたが、徹底した行政改革と特色ある産業振興を進め、子育て世代の移住も増加して地方創生のトップランナーと称されるようになった。隠岐牛や隠岐の岩ガキなどのブランド化を行い、海産物の鮮度向上を目指した農林水産物処理加工施設（ＣＡＳ凍結センター）を整備するなどして雇用の確保が図られた。

だが、隠岐の島前3町村で唯一の隠岐島前高校では１９９７年に77人いた入学者が２００８年には28人にまで激減し、県の高校統廃合基準（21人）を下回るという危機的状況に陥った。このことは、高校までは自然豊かな環境で伸び伸びと子育てできると考えていた移住者にも衝撃を与えたのだった。

そこで海士町では、高校の魅力化プロジェクトを立ち上げ、島の子どもたちや学校、地域に良い刺激をもたらしてくれる意欲と力のある島留学生に対して、入寮費や里帰り費用などを補助する島留学支援制度を創設し、さらには公立塾の隠岐國《おきのくに》学習センターを設立した。

センターでは個別指導や少人数授業に加え、キャリア教育やＩＣＴ（情報通信技術）を活用した県外高校生や全国の著名人と対話や議論を行う場を設け、コミュニケーション能力の研鑽が図られた。また、高校のカリキュラムも魅力的な内容に再編し、地域創造コースや特別進学コースを設け、有名大学への進学実績も大幅にアップし、その結果、県外からも多数の入学希望者が殺到し、２０１２年度からは定員を40名から80名に倍増させている。

隠岐島前高校の躍進は島根県内外の高校に大きな刺激を与え、地域の特徴を生かした魅力ある高校づくりが全国各地で進められている。三笠高校や相可高校のように職業科の魅力づくりを図るところもあれば、福島県立只見《ただみ》高校のように、首都圏で生徒募集の説明会を開催し、進学実績の向上を図るところもある。

これらの取組みは、高校在学中という3年間だけ若者が増加するもので、その後は県外の大学などに進学し、効果も一時的だと見る向きもあるが、多感な高校時代に地方での生活を経験することは長い目で見れば地域に様々な形で還元されるものも少なくないだろう。

表5-1　県外入学者数が5%以上の都道府県（人、%）

都道府県	2017年度入学者総数	うち県外からの入学者数	割合	10年前からの増減数
東京都	106,294	11,317	10.6%	−1,467
山梨県	8,363	838	10.0%	255
京都府	23,981	2,236	9.3%	−213
島根県	6,351	485	7.6%	191
奈良県	12,314	869	7.1%	−167
栃木県	18,296	1,198	6.5%	−86
岡山県	18,218	1,003	5.5%	127
高知県	6,394	319	5.0%	133

このような他県からの入学は、以前であれば一部の有名私立進学高や全国大会の出場を目指した野球などのスポーツ留学というのが主流だったが、今では公立高校を中心に都市部から積極的に入学希望者を募っている。

全国を見渡すと、他県からの高校入学者数は2007年度に3万8398人で、10年後の2017年度は3万9128人と微増に留まっているが、島根県では294人から485人と191人も増加している（表5−1）。これは、山梨県、千葉県（249人）に次いで3番目だ。両県は東京都から通学可能な地域もある。また、入学者数に占める割合も7・6%で、東京都、山梨県、京都府に次いで多い。東京都や京都府にも周辺の府県から多くの高校生が通学している。実質的な県外留学に関しては島根県が全国一といっていいだろう。

ちなみに東京都の場合、この10年間で都外からの入学者数は1467人も減少している。15歳の争奪戦では、すでに脱東京の流れが出来つつあるようだ。高校の存続は地方にとって一大事だ。今後もますます15歳に選択される都市づくりが各地で展開されていくだろう。

†ベッドタウン都市の現状

表5-2　主なベッドタウン都市の人口動向（単位：人）

都市名	1975年	2010年	2015年
長久手市	14,495	52,022	57,598
戸田市	77,137	123,017	136,083
つくばみらい市	25,402	44,461	49,136
守谷市	14,505	62,482	64,753
白井市	12,968	60,345	61,674

地方都市の中で、ベッドタウン都市の存在は異彩を放ってはいるが、長期的にみれば他の地方都市よりも深刻な課題も少なくない。まずは第一章で取り上げたベッドタウン都市の現状について触れることとする（表5-2。人口増加率については表1-2参照）。

人口増加率が5位で平均年齢が最も若い都市、愛知県長久手市は、2005年に開催された愛知万博の会場ともなって全国に知られるようになった。同年、愛知高速交通東部丘陵線（リニモ）が開業し、藤が丘駅で名古屋市営地下鉄に乗り換えができるようになり、豊田市へのアクセスも良いことなどから住宅開発が近年急速に進み、人口増によって2012年に長久手町から市制施行した。

2010年と2005年の比較でも11・9％と増加率は高い。イケアやイオンモールなど大型ショッピングセンターが相次いでオープンし、緑の多い住宅街は子育て環境にも適しているとして、様々なランキングでも評価が高い。例えば『週刊東洋経済』の「住みよさランキング2017」でも総合3位、分野別では快適度で2位となっている。ちなみに前年の総合順位は2位だった。名古屋市にも豊田市にも容易に通勤できるという地理的優位性だけでなく、恵まれた自然環境と積極的な宅地の整備なども相まって最も勢いのある都市に成長したのである。

好材料は他にもある。愛知万博の跡地に造られた愛・地球博記念公園に「ジブリパーク」をスタジオジブリと愛知県が、2022年度中の開業を目指すことで合意したのだった。ますます子育て世代にとっては長久手市が魅力的な都市と映るだろう。

人口増加率6位の埼玉県戸田市の場合、JR埼京線によって、新宿駅まで20分ほどという利便性と、緑に恵まれて公園も多く、子育て支援も充実しているなどの理由から人口増加が続いている。以前であれば競艇や倉庫群、町工場など子育て環境の良さとは一線を画すようなイメージも強かったが、今ではそのようなイメージを一新した感がある。

7番目の茨城県つくばみらい市の名前を初めて聞く人も少なからずいるだろう。2015年には4万9136人、この40年間にほぼ倍増している。つくばみらい市は茨城県南部に位置していて、2006年に筑波郡伊奈町《いなまち》と谷和原村《やわらむら》が合併して誕生している。2005年につくばエクスプレスが開通したことに伴い、市名の由来ともなったみらい平《だいら》駅から都心への通勤も容易となり、住宅開発が進んだことで人口の増加が著しい。2010年と2005年の比較でも10・7%の増と、やはり7番目となっている。

2010年と2005年比較で人口増加率2位の茨城県守谷市もつくばエクスプレスの沿線にあって、2002年に市制施行している。2015年には6万4753人と40年間で4倍以上に人口が増えている。同時期3位の千葉県白井市は北総《ほくそう》鉄道北総線が開通し、1979年に千葉ニュータウンの入居が始まり、また、北総線が京成《けいせい》線などへの乗り入れ運転を行っていることで利便性が高まり人口増加を続けている。2015年には6万1674人と40年間で5倍近くまで増加している。

同様のことは町村でも起きている。北海道旭川市に隣接している東神楽町《ひがしかぐらちょう》は、アクセスもいいことから1989年、平成に入ってからひじり野地区で宅地開発が行われ、人口が急増した。1975年には5109人だったのが40年後の2015年には1万233人と倍増している。同様に、旭川市の東に位置する東川町《ひがしかわちょう》は自然環境にも恵まれ、すべての家が水道ではなく伏流水でまかなえるということもあり、都市部の住民から人気の移住先となっている。1995年からは人口増となっていて、全国高等学校写真選手権大会（写真甲子園）が開催されることでも有名だ。

富山県舟橋村《ふなはしむら》は富山市の隣にある北陸3県で唯一の村であり、全国で一番面積の狭い自治体（3・47㎢）でもある。以前は村全体が開発を抑制する市街化調整区域だったが、制限をはずし、宅地開発を進めたこともあって、富山電鉄で通勤が可能な富山市などから移り住む人が増えた。2015年の国勢調査でも2982人と若干ながら5年前よりも増加していて、これは1990年の1371人の倍以上だ。駅舎と一体化した図書館をつくり、子育て支援に力をいれるなどして合併しなくても持続できる地域づくりを行っている。

福岡県新宮町《しんぐうまち》も同様だ。福岡市の東隣にあって、これまでも西鉄貝塚線が通っていることもあって、福岡市のベッドタウンとして人口が増えていた。また、鹿児島本線も町内を通っていたが、こちらには駅はなかった。そのような中で土地区画整理事業が進められ、2010年にJR九州の新宮中央駅ができたことで福岡市への通勤が楽になり人口が急増した。2010年に2万4679人だったのが、2015年には3万3444人と約23％も増加している。これは千代田区に次ぐ全国第2位の高い伸び率で、特別区を除いて市町村に限定すれば日本一だ。

これらのベッドタウン都市にはいくつかの共通点がある。第一に、昭和のある時期までは静かな農村ないし漁村であった。東京や名古屋などの大都市の近くに位置していたが、公共交通機関がないこともあって戦前はどこもまだ町ないし村だった。また、平地は多く、そして都会の近くの割には緑が豊かで自然環境には恵まれていた地域であった。

それが相次いで鉄道網が整備されることによって、住宅開発の余地がある地域としてベッドタウン化していったのである。まさに地の利によるものであった。

†浦安市と長久手市の違い

拙著『自治体格差が国を滅ぼす』で勝ち組自治体の筆頭格として取り上げた千葉県浦安市、そこでは東京からのアクセスの良さ、豊かな財政、日本一ともいわれる図書館を始めとする充実した公共施設、子育て環境の良さなどによって高齢化率も一番低く、まさに飛ぶ鳥を落とす勢いの都市と論評したのだが、その後の動向が気にかかる。

2015年の平均年齢は40・54歳で7位、2010年の2位から順位を少し下げている。2010年は38・33歳だったので、2・21歳上昇したことになる。これは平均年齢が一番高い夕張市の2・15歳よりも高い。では2010年と2015年の人口構成について、浦安市と長久手市を比較してみよう（表5-3）。

2010年の浦安市の高齢化率は全国の市区で最も低く、当時の長久手町がその次に低かった。それが2015年になると浦安市は4・2ポイントも上昇し、長久手市よりも高

表5－3　**浦安市と長久手市の比較**

	浦安市		長久手市	
	2010年	2015年	2010年	2015年
高齢化率（%）	11.7	15.9	13.2	15.5
高齢者数（人）	19,290	25,836	6,795	8,691
年少人口率（%）	16.4	14.3	17.2	17.7
年少人口数（人）	26,929	23,336	8,882	9,897

くなっている。長久手市の上昇は2・3ポイント、浦安市の半分強だ。年齢3区分ごとにみると、65歳以上の数は長久手市では27・9％増加し、浦安市では33・9％増加している。高齢者の増加率をみても浦安市のほうが高い。さらに0歳から14歳までの年少人口では、長久手市が１０００人ほど増えているのに対して、浦安市では３０００人以上も減少しているのだ。この結果、年少人口の比率は長久手市では微増となっているのに対して、浦安市では減少に転じている。

東日本大震災で液状化が市内各地で生じ、水道が止まったり土管が浮き上がるなどした被害の影響はある程度残っているとしても、この違いはそれだけでは説明がつかない。これらのデータは浦安市も人口増のピークは過ぎつつあり、高齢化の進展が全国を上回るスピードで始まろうとしていることを物語っているのだろう。新興住宅地では比較的同世代の家庭が多く、地域全体が一斉に高齢化していくのだ。

２０１０年の日本全体の高齢化率は23・０％、２０１５年には26・6%となった。高齢者の数は14・4%増だった。すなわち、浦安市については65歳以上の人の数に関しては日本全体の倍以上の増加率だが、実は長久手市でも2倍近くとなっているのだ。長久手市とて安泰ではないのである。

†ベッドタウン都市の生き残りは

このように、浦安市はもとより、長久手市でも超高齢社会に備える時期はすでに到来していることをデータは物語っている。このことは戸田市やつくばみらい市、白井市、守谷市だけでなく、人口急増著しい都心3区にももちろん当てはまることだ。

ベッドタウン都市にも様々なアキレス腱が見え隠れしているのだ。この先例として学ぶべきは東京の多摩ニュータウンや愛知の高蔵寺《こうぞうじ》ニュータウンなどだろう。多摩ニュータウンは1971年から入居が始まり、人口も24万を超え、今でも全体としては人口増となっている。だが、初期に建設された地域では施設の老朽化や高齢化が問題となっている。ベッドタウン都市はこれらニュータウンと状況が似通っている。それは新たに入ってきた住民の年齢層が近いということだ。

基本的には世帯主が30代から40代の前半というのが大部分だろう。多摩ニュータウンの場合は当初は戦前生まれだったが、途中からは一気に団塊の世代が流入した。これらの層はすでに高齢者で、初期の入居者の少なからずは75歳以上の後期高齢者だ。長久手市などの場合はいわゆる団塊ジュニア世代が中心となって入ってきているだろう。いずれにしても年齢層が近いということは住民だけでなく、住宅やインフラも含めて、地域が一気に高齢化するということでもある。

本来、都市は様々な世代がバランスよく住むことが望ましい。老壮青のバランスが大事ということである。多摩ニュータウンにしてもベッドタウン都市にしても、子育て世代が一気に入ったことによって、小中学校の新設、クラス増が相次いだ。

考えてみればこれだけ少子化で、全国的には小中学校の統廃合やクラス数の削減が行われている中で、一方で小中学校が新たに建設されているのは無駄といえなくもない。そのような人口増の都市もいずれは空き教室だらけになってしまうことが想定されるからだ。ベッドタウン都市だけでなく、東京の晴海《はるみ》や芝浦《しばうら》にも新設の小学校や中学校が建設される姿をみると、なんとも割り切れない気持ちになってしまう。30年後、あるいは40年後には一斉に小中学校を老人ホームに建て替えているかもしれないだろう。

今の段階から20年先、あるいは30年先の超高齢社会を想定したまちづくりをはじめなければ手遅れになってしまうだろう。その頃には年金生活者であふれ、税収も落ち込み十分な投資はできないからだ。

†都市再生は国を滅ぼす?

東京への投資が加速している。2020年の東京オリンピック・パラリンピックのための施設やアクセス道路の整備だけでなく、都心の高層ビルは日々増え続けている。これを後押ししているのが規制緩和の大きな流れ、そして特に都市再生特別措置法による都市部の再開発だ。

規制緩和の流れは、1980年代後半、日米の貿易不均衡からアメリカの圧力などもあって進められていった。大型店の進出を規制していた大店法の規制緩和や度重なる建築基準法の改正で地下室がつくりやすくなり、あるいはエレベーターや廊下などの共有部分が容積率の対象外とされたことが、結果として大規模なマンションや急傾斜地にへばりついたような斜面マンションを多数生み出してしまった。そして21世紀にはいると、小泉政権下で都市機能の高度化と都市の居住環境の向上を目指した都市再生特別措置法が制定され、都心の開発が加速した。

この法律は都市の再生に貢献することが目的とされ、既存の用途地域や容積率、高さなどの規制によらない自由度の高い土地の有効活用を必要とする区域などを対象とするもので、各都道府県の都市計画によって決定されることになっている。また、民間事業者が規制緩和に関して提案することができるという、これまでの都市計画よりも弾力的な制度となっている。

特に都市再生特別地区では、地域のランドマークとなるような超高層ビルが相次いで建てられている。その象徴は大阪のあべのハルカスの300mを超える超高層ビルだ。

2017年4月現在では全国で81地区が指定され、うち38が東京都内だったが、その後都内で新たに5地区が指定されている。半分が都心に集中しているのである。オフィスや商業施設、ホテルそしてマンションなどの複合施設で、そのほとんどがGINZA SIX、歌舞伎座タワー、東京ミッドタウン日比谷など東京の新たな名所となっている。

確かに都市再生特別地区は、個別にみると魅力的な「小都市」ではある。多くの人がショッピングや飲食、ビジネス、あるいは観劇などで集まり、賑わいをみせているという点ではそれぞれの地域の活性化には貢献しているのだろう。だが、これだけの開発を一気にやって競合しないのかと心配せずにはいられない。

バブル経済の崩壊で塩漬けとなった都心の土地をなんとかしたい金融機関と不動産業界、さらには建設不況となっていたゼネコンといった経済界からの規制緩和の強い要請が政治を動かしたのである。本来であれば、都市計画によってバランスの良い適正なまちづくりを進める立場の東京都や23区も、基本的には民間がすべて事業を行うために税金も使わずに済むということで事業をどんどん認めたのだった。当時の石原都知事が、東京の復活が日本の復活につながるという信念のもとに都市再生を国政に強く働きかけていたことも大きく影響したのだろう。

その結果、個別のプロジェクトは良くても全体としては供給過剰となる、部分最適、全体非最適の状況に陥っているのではないだろうか。東京湾岸の埋め立て地域は売れ残っていた土地が多く、東京都の特別会計は赤字となっていた。これらを東京都港湾局が何とか売却しようとして結果的に多くの高層マンションが建設されてきた。官民挙げての都市再生という名の東京の再開発が一気呵成で進められているのだ。

結局のところ、都心3区をはじめとする東京のひとり勝ちは、この都市再生の取組みによるところが大きい。だが、過度の集積は様々なところでひずみを生む引き金にもなりかねない。結果として都市再生が国全体に悪影響を及ぼしかねないのだ。

✝東京の最大のアキレス腱

東京の最大のアキレス腱はなんといっても災害に対する弱さだ。災害列島といっても過言ではない我が国では、都市の栄枯盛衰に少なからず影響を与えてきたのが天災だろう。地震や火山の噴火、台風や梅雨前線などによる風水害や土砂災害、そして温暖化がもたららす気候変動の極端化は、豪雪や豪雨、あるいはその真逆の現象として少雨や旱魃《かんばつ》をもたらし、都市住民に様々な被害を与えてきた。

2023年で関東大震災から100年となる。大正時代の東京市は東部を中心に壊滅的なダメージを受け、難を逃れた市民の多くが移住した浦和はその後東京のベッドタウンとして発展した。もちろん、東京市でも震災復興の都市計画が進められ、地震発生後の大火に対する反省から内堀通りや靖国通り、昭和通りなどの骨格となる道路が整備され、東京は再び大都市の風格を取り戻したのだった。

戦後は戦災によるインフラの劣化などもあり、度重なる台風の来襲によって河川の氾濫と水害による被害が各地に大きなダメージを与えた。1945年の枕崎台風、1947年のカスリーン台風を始め、毎年のように死者・行方不明者が1000人単位で生じていた。特に1959年の伊勢湾台風では高潮の被害もあって5000人以上の死者・行方不明者を出す最大規模の被害となった。名古屋市の南部などでは被害が甚大で、飛島村のようにその後の高潮対策によって、結果として工場の誘致が進んだところもある。

1995年の阪神・淡路大震災では神戸市をはじめとして兵庫県の沿岸部の都市は軒並み大きな被害を受け、復興までに長い時間を要することとなった。被害総額は内閣府の推計では10兆円程度になったとされている。

2011年の東日本大震災は関東大震災に次ぐ人的被害で、経済的な被害は約17兆円ほどとされている。太平洋側の都市の多くが津波による甚大な被害を受け、福島県の沿岸部などでは、依然として原発事故によって長期間の避難を余儀なくされている。復興は道半ばといったところだ。

東北の多くの都市で人口減となっている中で、宮城県の仙台市、名取市、福島県のいわき市などでは人口増となっている。他の被災地から避難してきているケースが多いが、特に仙台市の場合、2010年に104万5986人だったのが2015年には108万2159人と4万人近くも増加している。仙台市自体も震災で大きな被害を受けたが、震災復興のために多くの建設労働者がホテルに滞在するなど、一種の復興バブルのような様相となっている。

2016年に発生した熊本地震は、熊本市民のシンボルである熊本城に壊滅的な被害を与えるだけでなく、中心部などにも大きなダメージを与えた。

これからも都市を様々な災害が襲うことが想定されている。被害を最小限に食い止めるためにも都市の備えは特に重要になってくる。土木学会の想定では首都直下地震が起きれば778兆円の被害が出るとしている。また、南海トラフ巨大地震が起きた場合には今の国の予算のおよそ14倍にあたる1410兆円もの被害がでると予測している。国でも南海トラフ巨大地震の被害想定を行っていて、そこでは220兆円とされているが、土木学会のほうでは長期にわたる経済的損害も含まれているため、これだけの巨額な被害と想定されているようだ。これはまさに国難である。しかも両地震の30年以内の発生確率は70%から80%となっているのだ。

筆者は、実は今から30年前、国レベルで関東大震災クラスの地震が発生した場合、どのようにして活動すべきかについてのマニュアルともいうべき活動要領の取りまとめに関わった。当時は各省庁の権限争いが今以上に激しく、また、政治のほうも行政任せであまりリーダーシップを取ることもなく、調整は難航を極めた。様々な妥協を行ったうえで何とか1988年の年末までに国の中央防災会議に提出することができたが、正直、マニュアルとして十分機能するような内容ではなかった。

その後、阪神・淡路大震災や東日本大震災を経験し、災害時の対応に関しては一定の進歩もみられるだろうが、果たしてこれだけ巨大となった東京をそのままにして大丈夫だと思っている人はどれだけいるだろうか。いくら対応がよくなったとしてもこれだけ過密化が進んだ東京で、どれだけの被害が起こるのか想像もつかないだろう。土木学会の被害想定は多少大きめになっているのかもしれないが、今のうちに何とかしないと本当に手遅れになってしまう。

しかも、現行法令では大災害が起きても国には非常事態宣言を出す根拠すらないのだ。戦後、我が国で出されたのはGHQ支配下の1948年の阪神教育事件だけだ。災害時だからといって、私権などを制限することに対する批判も少なくないが、諸外国の多くでは、当然のように認められていることだ。実は憲法9条の改正よりもこの根拠を書き加えることについて真剣に考えるべきなのではないだろうか。

†東京の生き残りは

東京をはじめとする大都市の再生、この国策こそが日本を破滅の道に進めてしまう可能性があるのではないだろうか。都市の再生の勢いが止まらない。少なくとも東京オリンピック・パラリンピックまではまっしぐらでいく。だが、後世に、あの時東京でオリンピックを開催しなければよかったのに、と後悔の念を抱かせることがないと断言できるだろうか。

すでにタワーマンションについては、将来の修繕費《しゅうぜんひ》の高騰という問題が表面化しつつある。マンションバブル崩壊の兆しだ。また、災害時にこのような高層マンションの脆弱性は様々な方面から指摘されている。ロンドンで起きたような高層住宅の火災が日本では起こりえないとはいえないだろう。そうでなくても、地震が起きてエレベーターが動かなくなった場合、階段で高層マンションを重い荷物を持ちながら上り下りすることを考えたらぞっとするだろう。さすがに中央区などでは、容積率を制限するなどの動きがでているが、今こそブレーキを踏むタイミングではないだろうか。

いくら都心3区が魅力的であったとしても、増大する昼間人口をカバーできる避難所の確保などとうてい不可能である。災害や紛争などの被災者に対する国際的な基準であるスフィア基準では、避難所の居住空間は最低限一人当たり3・5㎡で、適切なプライバシーと安全が確保され、覆いがあることが求められている。だが、都心3区で大きな災害が起きた場合、この基準の10分の1も満たすことができないのではないだろうか。行政の対応にも限界がある。自分の身は自分で守るという自覚がなければ東京では生き残れないだろう。

地震だけではない。温暖化によって気候変動は激化し、極端化している。雨の降り方をみれば、だれでもこのことは実感できるだろう。大型台風が直撃するなどして荒川や利根川が氾濫すれば数千人規模の死者と100万人前後の孤立者も想定されている。場合によっては銀座まで水浸しになってしまうのだ。

2018年7月の集中豪雨で西日本、特に広島県や愛媛県、岡山県で甚大な被害が生じたのは記憶に新しい。東京にも崖は少なくないのだ。地名をみれば、渋谷、四谷、鶯谷《うぐいすだに》、乃木坂、道玄坂、赤坂と、谷と坂だらけなのである。今回と同程度の豪雨が東京や大阪、名古屋を襲ったらどれだけの大損害が生じるだろうか。都心の水没は日本経済の沈没につながりかねない。

東京湾の高潮氾濫でも同様の被害が想定されている。このほか、富士山や浅間山などが万が一噴火した場合、風向きによっては東京に大きな被害が起きることも考えられる。

地震、風水害、火山噴火といった災害の危険性がこれほどまである首都は世界には稀《まれ》な存在である。ロンドン、パリ、ベルリン、そしてワシントンやアメリカ経済の中心であるニューヨークではこのようなことは考えられない。これらの都市と同じように摩天楼《まてんろう》を競いあうことはもはや無意味ではないだろうか。

これまで述べてきたように、多くの地方都市は国策に翻弄され、栄枯盛衰の悲哀を味わってきた。東京ももちろん、震災や戦災を経験してきたが、このまま都市再生を続けて肥大化していくと、大災害が起きた時、それこそ国難を迎えかねない。

東京オリンピック・パラリンピックを花道に、東京から首都機能のかなりの部分を移転して、東京を災害に強い街に変えていく仕掛けが必要ではないだろうか。少なくとも経済官庁など経済機能のかなりの部分を移転しない限りは抜本的な解決にはならない。このことが東京ひとり勝ちの反作用を弱めるものとして大きなインパクトになるはずだ。もちろん、今の流れでは東京オリンピック・パラリンピックの関係施設が再整備され、都心の魅力がますます高まってしまうだろう。だが、これまで述べてきたように、都心の高層ビルの建設ラッシュは、まさに砂上の楼閣だ。

東京をスリム化することこそが、東京にとっても地方都市にとってもプラスとなり、持続可能な地域社会を22世紀にまでつなげることになるはずだ。このままでは東京も地方も共倒れしてしまう。そして、このことは日本だけでなく世界経済に悪影響を及ぼしてしまうだろう。

そうなる前に国民的な議論を今始めるべきではないだろうか。東京オリンピック・パラリンピックまで残された時間は決して長くはない。だが、今議論せずしていつこの国の形を変える論争が可能となるのだろうか。人口減少社会の本格的な到来をピンチではなく、日本全体のチャンスと捉え、改めて国のあり方、そして都市のあり方について多くの人がもっと関心を持つことが明るい未来への第一歩となるはずだ。

あとがき

２０１８年も地震に豪雨被害にと日本列島は災害にたびたび襲われている。９月の台風21号では関西国際空港が高潮などによって大きな被害を受けた。同様のことが羽田で起きた場合、日本経済は大打撃となるだろう。そして、わずか2日後に発生した平成30年北海道胆振東部地震は、北海道全土に大きなダメージを与えた。首都圏で同程度の地震が起きたら、どれだけの被害が出るのか、考えただけでもぞっとする。日本のように災害と常に背中合わせで生活していく宿命の国と欧米とでは、都市のあり方についてまったく同じというわけにはいかない。

むしろ、日本の気候や風土、そして災害が多発するという現実の中で過度の集中を避け、ある程度地域間のバランスを考慮して国土の均衡ある発展を目指すべきではあった。実際、国が１９６２年以降、三次にわたって策定してきた全国総合開発計画では地方の発展を重視する傾向にあった。しかしながら、１９８７年に策定された第四次全国総合開発計画では、多極分散型国土の形成をうたいながら、内実は東京重視の姿勢が貫かれ、結果としてバブル景気の中で東京一極集中がますます進んでしまったのだ。それから約30年の歳月を経て、時代はまた同じことを繰り返そうとしている。

当時と今とで異なるのは、1980年代後半はまだ人口増の時代で、人やモノなど増え続けるパイの取り合いだったが、今では人もモノも減少する時代に突入し、その中で、東京だけが唯一肥大を続けているという点だ。人が減り、また、経済的にも緩やかに社会が縮んでいくことが避けられない中で、都市や地域はこれまで通りの右肩上がりの成長を目指すマインドから脱却しなければ生き残れないのではないか、そのような問題意識で本書を書き下ろしたところである。

地域活性化には正解がないともいわれている。成功事例と呼ばれているところでも、実は様々な課題があって、短期的にはうまくいっていても中長期的に持続可能な取組みとは限らない。どこも試行錯誤を続けながら地域社会の将来に思いを馳せ、知恵を出し合い、また、外の力も上手く借りながら地道にやり続けるしかないのだ。

だからといって、地域の人々が眉間にしわを寄せて、地域をなんとかしなければ、と難しく考えすぎてもよい知恵は出てくるものではない。私が関わっているご当地グルメを通じた地域の活性化の取組みでも、活動を担う人々が自らも楽しんで、肩の力を抜くぐらいの感覚で進めたほうが上手くいっている。
地域の食材など、地域の人々に愛されてきたご当地の食という地域の宝に光を当て、また、それに磨きをかける中で地域の食文化として次代につなげていくことが実は活性化の早道でもある。無理にお金をかけて、奇抜なグルメを開発しても長続きするものではない。急がば回れ、である。

本書は、2007年の『自治体格差が国を滅ぼす』、2012年の『暴走する地方自治』、そして2014年の『自治体崩壊』に続く、都市と地方のあり方について私見をまとめた4冊目の新書である。これまでも都市のあり方は大きな研究テーマであったが、今回はより具体的な都市像について、データや史実をもとに詳細に述べてきたものである。

もともと、大学時代は都市工学科という学科に在籍し、都市というものに強い関心を抱いていた。なぜ、この都市は発展を遂げ、なぜこの都市は衰退局面に入ってしまったのか、その背景にどのようなことがあって、実際、都市の関係者はどのような取組みを行ってきたのか、あるいは行ってこなかったのか、じっくり調べてみたいと思ってはいたものの、なかなかこのテーマに正面から取り組む機会がなかった。

もちろん、前掲書の『自治体格差が国を滅ぼす』でも勝ち組、負け組、そして模索する自治体と、カテゴリー分けをして一定の言及は行っているが、ライバルという視点から都市の有り様などについて十分言及することができなかっただけに、今回、このような機会を得たのは私にとって大変幸運であった。

都市の栄枯盛衰というテーマについて、ライバルという切り口を特に重視したが、このことは私が群馬県内で地方自治の仕事を3年余り続けていることと、この春、新潟市から長野市に移り住んだということが大きく影響している。

みなかみ町で参与の仕事をする中で、県庁所在市の前橋市に行く機会が増え、その一方でこれまで素通りが多かった高崎駅で途中下車する機会もまた同様だった。そんな中で両市の成り立ちやまちづくりの取組み、さらには県都を争った歴史ということを知り、両市の来し方行く末《こ かたゆ すえ》に大変興味を持ったのだった。

また、17年間勤務した新潟大学の職を辞し、長野市に新たに開設された公立大学法人の長野県立大学に4月から勤務するようになり、改めて長野県の成り立ちと地域性、特に県歌である「信濃の国」にまつわるエピソードを知り、長野市と松本市のライバル関係について、群馬同様強く関心を持ったのだった。

このような都市のライバル関係というのは他にもみられるが、群馬、長野の場合は他の地域以上に壮絶な争いを展開してきたことが、今生活する人々から直接話を聞く機会を得るだけでなく、様々な文献からも明らかになり、また、ライバル関係を通じてむしろ切磋琢磨を繰り広げたことに知的好奇心がくすぐられたのだった。

都市間競争、あるいは地域間競争の時代といわれて久しいが、明治維新以降、あるいはその前からも都市同士はライバルだったのである。そのような都市が人口減少社会の中で、どのように変容していくのか、また、どのように地域経営、公共経営を進めるべきなのか、課題は少なくない。新設された長野県立大学ではグローバルマネジメント学部の中に公共経営コースを設け、県内外の公共経営のあり方について実践的な教育を提供するとともに地域と連携した取組みを進めることとしている。だが、公共経営は地域活性化同様、正解のない世界である。様々な関係者との連携の中で、よりよい公共経営を目指すしかないのだ。

一時期、NPM(ニューパブリックマネジメント)が一世を風靡《ふうび》したが、イギリスやニュージーランドで一見するとうまくいっているからといって、日本に単純に導入しても上手くいく保証があるわけではない。海外では極端な民営化のひずみが顕在化して、再び直営化が行われるなどのゆり戻しも起きている。単純に民=善、官=悪ではない。相互の善いところを上手に活かすことが、ますます求められているのだ。これは官と民だけでなく、大都市と地方との関係にもあてはまる。それにもかかわらず、国も自治体も1990年代以降NPMを無批判といっていいくらい礼賛したが、結果として思っていたような成果は必ずしも得られなかった。

これもまた地域活性化同様、公共経営全般にいえることではあるが、よそで成功しているからといって、そっくりそのまま真似をして上手くいくことはないのだ。

都市の有り様は研究者だけで考えても十分納得が得られる答えが出るものではない。政治家、経営者、行政職員、そして何よりもそこに住む市民が自分たちの問題として捉えることが何にもまして重要ではないだろうか。都市こそ自治の担い手である。そこに住む人が自分たちでなんとかしようという自治の意識を持たなければ都市の未来もないのである。

本書は、多くの人に都市のあり方に関心を持ってもらうことを意図して書かれたものである。明快な解決策を提示するというよりは、現状を詳細に分析した上で問題提起に注力したつもりである。その想いが十分伝わったか、心許ない点は少なくないが、『暴走する地方自治』、そして『ランキングの罠』同様、本書の出版に当たっては筑摩書房の松本良次氏に大変お世話になった。記して感謝する次第である。

参考文献

磯崎初仁編『変革の中の地方政府——自治・分権の制度設計』中央大学出版部、2010年
伊藤滋『東京、きのう今日あした』NTT出版、2008年
犬丸淳『自治体破綻の財政学　米国デトロイトの経験と日本への教訓』日本経済評論社、2017年
宇都宮浄人『地域再生の戦略——「交通まちづくり」というアプローチ』筑摩書房、2015年
大石嘉一郎『近代日本地方自治の歩み』大月書店、2007年
大石久和『国土と日本人　災害大国の生き方』中央公論新社、2012年
オープンアトリエ「風の公園」『続古き良き未来地図』風の公園出版、2018年
岡本全勝『地方財政改革論議——地方交付税の将来』ぎょうせい、2002年
尾島俊雄『絵になる都市づくり』日本放送出版協会、1984年
小田切徳美『農山村は消滅しない』岩波書店、2014年
金井利之『自治制度』東京大学出版会、2007年
金井利之『行政学講義』筑摩書房、2018年
川西誠『広域行政の研究』評論社、1966年
国立社会保障・人口問題研究所『日本の地域別将来推計人口（平成30〈2018年〉推計）』2018年
斎藤誠治「江戸時代の都市人口」岡崎昌之編『地域開発240号』財団法人日本地域開発センター、1984年
清水草一『港区ではベンツがカローラの6倍売れている』扶桑社、2008年
神野直彦『地方自治体壊滅』NTT出版、1999年

神野直彦『地域再生の経済学』中央公論新社、2002年
神野直彦・澤井安勇編『ソーシャルガバナンス　新しい分権・市民社会の構図』東洋経済新報社、2004年
諏訪雄三『地方創生を考える　偽薬効果に終わらせないために』新評論、2015年
総務省『「平成の合併」について』2010年
田村秀『市長の履歴書』ぎょうせい、2003年
田村秀『道州制・連邦制』ぎょうせい、2004年
田村秀『データの罠――世論はこうしてつくられる』集英社、2006年
田村秀『自治体格差が国を滅ぼす』集英社、2007年
田村秀『消滅か復権か――瀬戸際の新潟県12の課題』新潟日報事業社、2010年
田村秀『暴走する地方自治』筑摩書房、2012年
田村秀『ランキングの罠』筑摩書房、2012年
田村秀『道州制で日本はこう変わる――都道府県がなくなる日』扶桑社、2013年
田村秀『改革派首長はなにを改革したのか』亜紀書房、2014年
田村秀『「ご当地もの」と日本人』祥伝社、2014年
田村秀『自治体崩壊』イースト・プレス、2014年
田村秀『新潟の逆襲　ピンチをチャンスに変えるリアルな提案』言視舎、2017年
田村秀「シティ・マネージャー制度導入に関する一考察」総務省『地方自治法施行七十周年記念自治論文集』総務省、2018年
築山秀夫、矢部拓也「地方都市におけるリノベーションまちづくりの展開：長野市善光寺門前を事例として」長野県短期大学図書館・紀要委員会編『長野県短期大学紀要71号』長野県短期大学、2016年

辻村明『地方都市の風格――歴史社会学の試み』東京創元社、2001年
東京大学総合研究会編『日本の都市問題』東京大学出版会、1963年
内閣統計局編『日本帝国統計年鑑38』東洋書林、1997年
内閣統計局編『日本帝国統計年鑑40』東洋書林、1998年
内閣統計局編『日本帝国統計年鑑46』東洋書林、1998年
内閣統計局編『日本帝国統計年鑑5』東洋書林、1999年
内閣統計局編『日本帝国統計年鑑6』東洋書林、1999年
内閣統計局編『日本帝国統計年鑑9』東洋書林、2000年
内閣統計局編『日本帝国統計年鑑11』東洋書林、2000年
内閣統計局編『日本帝国統計年鑑14』東洋書林、2000年
西尾勝『行政学〔新版〕』有斐閣、2001年
西尾勝『自治・分権再考――地方自治を志す人たちへ』ぎょうせい、2013年
西川一誠『「ふるさと」の発想――地方の力を活かす』岩波書店、2009年
橋本勇『地方自治の歩み』良書普及会、1995年
原田伴彦『中世における都市の研究』大日本雄辯会講談社、1942年
原田泰『都市の魅力学』文藝春秋、2001年
久繁哲之介『地域再生の罠――なぜ市民と地方は豊かになれないのか?』筑摩書房、2010年
平松守彦『地方からの発想』岩波書店、1990年
古川俊一・毛受敏博編『自治体変革の現実と政策』中央法規、2002年
古厩忠夫『裏日本』岩波書店、1997年
本間義人『地域再生の条件』岩波書店、2007年

増田寛也編『地方消滅』中央公論新社、２０１４年
松谷明彦・藤正巖『人口減少社会の設計　幸福な未来への経済学』中央公論新社、２００２年
真渕勝『風格の地方都市』慈学社出版、２０１５年
安田泰次郎『北海道移民政策史』生活社、１９４１年
矢作弘『縮小都市の挑戦』岩波書店、２０１４年

ちくま新書
1367

地《ち》方《ほう》都《と》市《し》の持《じ》続《ぞく》可《か》能《のう》性《せい》
——「東京《とうきょう》ひとり勝《が》ち」を超《こ》えて

二〇一八年一一月一〇日　第一刷発行

著　者　田村　秀（たむら・しげる）
発行者　喜入冬子
発行所　株式会社 筑摩書房
東京都台東区蔵前二-五-三　郵便番号一一一-八七五五
電話番号〇三-五六八七-二六〇一（代表）
装幀者　間村俊一
印刷・製本　三松堂印刷 株式会社

ISBN978-4-480-07175-0 C0231

ちくま新書

960
暴走する地方自治
田村秀
行革を旗印に怪気炎を上げる市長や知事、地域政党。だが自称改革派は矛盾だらけだ。幻想を振りまき混乱に拍車をかける彼らの政策を分析、地方自治を問いなおす！

1059
自治体再建
――原発避難と「移動する村」
今井照
帰還も移住もできない原発避難民を救うには、江戸時代の「移動する村」の知恵を活かすしかない。バーチャルな自治体の制度化を提唱する、新時代の地方自治再生論。

1238
地方自治講義
今井照
地方自治の原理と歴史から、人口減少やコミュニティ、憲法問題など現在の課題までをわかりやすく解説。市民が自治体を使いこなすための、従来にない地方自治入門。

1100
地方消滅の罠
――「増田レポート」と人口減少社会の正体
山下祐介
「半数の市町村が消滅する」は嘘だ。「選択と集中」などという論理を振りかざし、地方を消滅させようとしているのは誰なのか。いま話題の増田レポートの虚妄を暴く。

1150
地方創生の正体
――なぜ地域政策は失敗するのか
山下祐介
金井利之
「地方創生」で国はいったい何をたくらみ、地方をどう支配しようとしているのか。気鋭の社会学者と行政学者が国策の罠を暴き出し、統治構造の病巣にメスを入れる。

1129
地域再生の戦略
――「交通まちづくり」というアプローチ
宇都宮浄人
地方の衰退に伴い、鉄道やバスも消滅の危機にある。再生するためには「まち」と「公共交通」を一緒に変えるしかない。日本の最新事例をもとにその可能性を探る。

1151
地域再生入門
――寄りあいワークショップの力
山浦晴男
全国どこでも実施できる地域再生の切り札「寄りあいワークショップ」。住民全員が連帯感をもってアイデアを出しあい、地域を動かす方法と成功の秘訣を伝授する。